KB073132

포도나무
영어공부

포도나무 영어공부

Philip Cha 지음

You will master English with this book.
이 책으로 영어 왕이 되세요.

좋은땅

머리말

영어를 배우는 방법은 많습니다.
그중에서 가장 효과적이고 쉬운 최고의 영어 학습 방법은 기본 문법을 숙달하는 것입니다.

미국의 영문학자들과 영어 선생님들은 영어를 쉽고 빠르게 정확히 배우기 위해서는 선문법 후회화, 즉 문법을 먼저 배운 후 회화를 시작해야 한다고 말합니다.
필자 역시 영어를 가르치고 배우는 입장에서 그들의 주장에 전적으로 동의합니다.
그렇게 해야만이 짧은 시간에 쉽고 빠르게 영어 실력을 향상시킬 수 있기 때문입니다.

우리나라 중학교 문법 수준과 기본단어 1,000 개 정도를 알고 있다면 누구든지 유창한 영어를 구사하는 데 부족함이 없습니다.

이 책은 5 가지 부분(제1 장 문법 편, 제2 장 동사 편, 제3 장 회화 편, 제4 장 100 개의 질문들 편, 제5 장 필수 단어 편)으로 나누어져 있습니다. 이 책은 초보자는 초보자대로, 상급자는 상급자대로 모두에게 실력 향상을 약속하며 어느 페이지를 읽어도 영어 학습에 도움이 될 것입니다.

영어에 대한 여러분의 꿈과 열정이 이 책을 통해서 짧은 시간 내에 꼭 이루어지길 소망합니다.

2024 년 2 월
저자 필립 차

목차

제1 장 문법 편 · 9

문법 편은 영어 습득을 위해서 반드시 공부해야 할 기본 문법을 누구나 쉽게 이해할 수 있도록 설명해 놓았습니다. 문법 공부는 이해의 수준을 넘어 머릿속에 각인될 때까지 반복해야 합니다.

제2 장 동사 편 · 81

이 책에 소개된 97 개의 동사들은 미국인의 일상생활에서 가장 많이 쓰이고 있는 동사들입니다.
영어의 동사는 5 가지(완전 자동사, 불완전 자동사, 완전 타동사, 수여 동사, 불완전 타동사)로 구별되는데, 이 책에서는 97 개의 기본동사들을 각각 5 가지로 구별한 후 문장의 형식과 문형에 적합한 예문들을 수록해 놓았습니다.

동사가 문장의 형식과 문형들을 결정하므로 동사의 예문들을 반복하면 저절로 문형에 익숙해집니다. 또한 이 책의 예문들은 미국인들의 일상생활에 빈번하게 사용되는 표현들이므로 여러분들의 회화 실력에도 큰 도움이 될 것입니다.

제3 장 회화 편 · 327

회화 편은 미국인들의 실생활에 사용되는 표현들입니다. 이 책을 통해서 미국인들의 문화와 정서를 배우며 상황에 적합한 문장들을 배우게 됩니다.
여기에 소개된 문장들은 문형 중심으로 구성되어 있기 때문에 단어만 바꿔 주면 얼마든지 다른 문장들로 바꾸어 사용할 수 있으므로 유창한 회화가 가능해집니다.

제4 장 100 개의 질문들 편 · 369

낯선 사람과의 대화는 누구에게나 쉽지 않지만 가벼운 질문, 간단한 대답을 통해서 대화의 기폭제가 될 수 있습니다. 이 책의 100 가지 질문은 내가 할 수도 있고, 누군가가 나에게 할 수 있는 질문들로서 쉽게 대화의 시작이 되며 질문에 대한 대답도 상세히 설명해 놓았습니다.

미국인과의 대화를 통해서 영어 실력이 향상되고 친구를 사귀며 사업의 기회뿐만 아니라 여행, 취미, 미국 생활 정착에 필요한 정보 등을 얻을 수 있습니다.

제5 장 필수 단어 편 · 393

효과적인 영어공부를 위해서는 무조건 많은 단어를 외우기보다는 먼저 사용빈도가 높은 필수 단어들을 익혀야 합니다. **이 책에 필수 명사 399 개, 필수 동사 318 개, 필수 형용사 329 개, 필수 부사 144 개 총 1,190 개를 수록해 놓았으므로 이 단어들부터 공부하시기 바랍니다.**

제1 장

문법 편

1. 8 품사의 정의

- 명사 : 사람 또는 사물(유형, 무형)의 이름을 나타내는 말.
- 대명사 : 명사를 대신하여 주는 말.
- 동사 : 주어가 되는 사람이나 사물의 동작이나 상태를 설명해 주는 말.
- 형용사 : 명사(대명사)의 앞 또는 뒤에서 명사를 수식하는 말.
- 부사 : 동사, 형용사 또는 다른 부사를 수식하는 말.
- 전치사 : 명사 또는 명사 상당어구와 결합하여(전명구라 함) 형용사 또는 부사의 역할을 함.
- 접속사 : 낱말과 낱말, 구와 구, 절과 절을 연결하여 주는 말.
- 감탄사 : 기쁨, 슬픔, 놀람 등 감정을 나타내는 말.

2. 8 품사의 위치

- 명사 : 주어로 쓰이면 문장의 맨 앞, 목적어로 쓰이면 동사의 바로 뒤에 옴.

- 대명사 : 명사의 위치와 같음.

- 동사 : 주어(명사 및 그 상당어구)의 뒤 또는 목적어의 앞에 위치함.
  단, 주어가 생략된 명령문이면 문장의 맨 앞에 옴.

- 형용사 : 명사의 앞 또는 뒤에 위치함.

- 부사 : 부사의 위치는 비교적 자유로우며 문장의 맨 앞 또는 맨 뒤에 올 수 있으며 일반 동사의 앞 또는 be 동사의 뒤에 위치함.

- 전치사 : 명사(대명사) 또는 그 상당어구의 앞에 위치함.

- 접속사 : 단어와 단어 사이, 구와 구 사이, 절과 절 사이에 위치함.

- 감탄사 : 문장의 맨 앞에 위치함.

3. 8 품사의 역할

- 명사 : 문장에서 주어, 목적어, 주격보어, 목적보어로 쓰임.
  주어로 쓰이면 '……은, ……는, ……이, ……가'로 해석하고 목적어로 쓰이면 타동사와 함께 '……을, ……를, ……와, ……에게' 등으로 해석.

- 대명사 : 명사를 대신하며 명사와 같은 역할을 함.

- 동사 : 주어가 되는 명사 또는 명사 상당어구의 동작이나 상태를 설명해 줌.
  동사는 5 가지(문장의 5 형식)로 분류되고 하나의 동사가 2 가지 이상 역할을 하며 동사의 동작의 대상이 되는 목적어를 취하기도 함.

  - 완전 자동사(1 형식) : 오직 주어만 필요한 동사
  - 불완전 자동사(2 형식) : 주격보어가 필요한 동사
  - 완전 타동사(3 형식) : 목적어를 필요로 하는 동사
  - 수여 동사(4 형식) : 간접 목적어와 직접 목적어가 필요한 동사
  - 불완전 타동사(5 형식) : 목적어와 목적보어를 필요로 하는 동사

- 형용사 : 명사의 앞 또는 뒤에서 명사를 수식함. 우리말로는 '……한(조용한, 예쁜, 즐거운), ……되어진(쓰여진, 만들어진), ……의(정의의, 평화의)'로 해석함. 주격보어와 목적보어가 됨.

- 부사 : 동사, 형용사 또는 다른 부사를 수식하며 주로 동사를 수식함.
  우리말로는 '……히, ……시, ……리, ……게, ……에, ……로, ……서'로 해석.(조용히, 빨리, 몹시, 여기, 저기, 아름답게, 이따금, 어디서 등으로 해석)

- 전치사 : 전치사는 뒤에 있는 명사 또는 그 상당어구와 결합하여 형용사 또는 부사의 역할을 함.
  이것을 전명구(전치사 + 명사 및 그 상당어구)라고 함.

- 접속사 : 단어와 단어, 구와 구, 절과 절을 연결하여 주는 역할을 함.

- 감탄사 : 기쁨, 슬픔, 놀람 등 감탄을 나타내는 낱말로 감탄문을 만듦.

4. 명사

명사는 사람 또는 사물(유형, 무형)의 이름을 나타내는 품사입니다.

명사는 하늘, 별, 바다, 책상, 건물, 나무, 물 등 눈으로 볼 수 있는 것뿐만 아니라 사랑, 행복, 분노 등 감정의 영역과 공기, 햇볕, 바람 등 눈으로 볼 수 없는 것도 포함됩니다. 사람의 성씨나 지명 등 모두 명사이며 '무엇, 누구, 어느 것, 어디' 등도 다 명사 역할을 합니다. 물론 명사를 보통명사, 물질명사, 고유명사, 추상명사, 집합 명사로 구별할 수 있지만 이 세상의 모든 명칭 및 놀람, 슬픔, 만족 등 감정의 순간도 모두 명사입니다.

명사는 문장 내에서 주어, 목적어, 주격보어와 목적보어의 역할을 합니다.

We love you. 우리는 당신을 사랑한다.
(We 주어, you 목적어)

Water grows roses. 물은 장미를 자라게 한다.
(Water 주어, roses 목적어)

She became a teacher. 그녀는 선생님이 되었다.
(She 주어, teacher 주격보어)

This is gold. 이것은 금이다.
(This 주어, gold 주격보어)

His effort made him a lawyer. 그의 노력이 그를 변호사가 되게 했다.
(effort 주어, him 목적어, lawyer 목적보어)

People call him Tom. 사람들이 그를 Tom이라고 부른다.
(People 주어, him 목적어, Tom 목적보어)

명사 상당어구(동명사, 부정사, 명사절, 명사구)도 명사처럼 문장에서 주어, 목적어, 보어가 됩니다.

Seeing is believing.	보는 것이 믿는 것이다. (동명사 seeing 주어, believing 주격보어)
To teach is to learn.	가르치는 것이 배우는 것이다. (부정사 to teach 주어, to learn 주격보어)
The baby begins to cry(crying)	아기가 울기 시작한다. (부정사 to cry, 동명사 crying 둘 다 begin의 목적어)
That he can speak English is true.	그가 영어를 말할 수 있다는 것은 사실이다. (that 절(명사절) That he can speak English가 주어)
Everybody knows that she is smart.	그녀가 영리하다는 것은 모두가 알고 있다. (that 절(명사절) that she is smart가 목적어)
My point is that we should work together.	나의 요점은 우리가 함께 일해야 한다는 것이다. (that 절(명사절) that we should work together가 주격보어)
When to begin is not important.	언제 시작하느냐는 중요하지 않다. (When to begin(명사구)가 주어)
I know what to do.	나는 무엇을 해야 할지 알고 있다. (what to do(명사구)가 know의 목적어)

5. 대명사

대명사는 말 그대로 명사를 대신하는 품사입니다.

Do you have money? 당신은 돈을 가지고 있습니까?
Yes, I have it. 예, 나는 돈을 가지고 있습니다.
→ 여기서 it는 대명사이며 명사 money 대신으로 사용했습니다.

We know the boys. 우리는 그 소년들을 알고 있다.
We know them. 우리는 그들을 알고 있다.
→ them은 대명사로서 the boys를 대신합니다.

이와 같이 대명사는 명사를 대신하므로 문장에서 주어, 보어, 목적어가 될 수 있습니다. 문장 안에서 대명사의 위치와 역할도 명사와 동일합니다.

대명사는 5 가지로 구별합니다.

- 인칭 대명사 : 사람을 지칭할 때 쓰이는 대명사. I, you, he, them, him, us 등
- 의문 대명사 : 의문을 나타내는 대명사. who, what, which, where, when, who, how
- 지시 대명사 : 사람이나 사물을 가리키는 대명사. this(those), that(those), it 등
- 부정대명사 : 사람이나 사물을 막연히 가리키는 대명사. one, none, each, another, some 등
- 관계 대명사 : 대명사와 접속사의 역할을 겸하면서 명사(선행사)를 수식하는 형용사절을 이끕니다. who, which, what, whose, that 등

6. 형용사

형용사는 명사의 앞 또는 뒤에서 명사를 수식해 주는 품사입니다.

보통 형용사는 명사 앞에서 명사를 수식합니다.

rich people 부유한 사람들
strong wind 강한 바람
tall trees 키가 큰 나무들
beautiful houses 아름다운 집들
big cities 큰 도시들
fine weather 청명한 날씨

형용사 상당어구로는 현재분사, 과거분사, 부정사, 전명구, 관계 대명사, 관계 부사가 있습니다.

현재분사가 명사 앞에서 명사 수식

running boys 달리는 소년들
an amazing concert 훌륭한 음악회
moving gates 움직이는 문들
a talking doll 말하는 인형

과거분사가 명사 앞에서 명사 수식

blessed days 축복받은 날들
spoiled children 버릇없는 아이들
broken cars 부서진 자동차들
chosen people 선택받은 사람들

현재분사와 과거분사 뒤에 부사구가 있으면 명사 뒤에서 수식

Koreans living in America 미국에서 살고 있는 한국인들 (living이 Koreans 수식)
boys playing in the yard 뜰에서 놀고 있는 어린이들 (playing이 boys 수식)
soldiers killed in the war 전쟁에서 죽은 병사들 (killed가 soldiers 수식)
the letter written in English 영어로 쓰인 편지 (written이 letter 수식)

부정사가 형용사 역할을 하면 명사 뒤에서 수식

books to read 읽어야 할 책들　　something to drink 마실 수 있는 것

전명구가 형용사 역할을 하면 명사 뒤에서 수식

the gift for you 당신을 위한 선물　　the man with power 권력을 가진 사나이

관계 대명사 that이 형용사절(형용사)을 이끌어 명사 man을 수식

The man that everybody loves. 모두가 사랑하는 그 사람.

관계 부사 where이 형용사절(형용사)을 이끌어 명사 house 수식

The house where he lives. 그가 살고 있는 집

7. 동사

영어 동사는 do 동사와 be 동사로 나뉘는데 여기서는 do 동사에 대한 설명입니다.

영어에서 가장 중요한 품사는 동사입니다. 동사는 문장의 핵심이 되는 품사이며 동사 없이는 문장 자체가 구성되지 않습니다. 동사는 주어(명사 또는 그 상당어구)의 동작이나 상태를 설명하는 품사이며 또한 동사의 동작의 대상이 되는 목적어를 취하기도 합니다.

(1) 동사의 5 가지 종류

동사는 5 가지(완전 자동사, 불완전 자동사, 완전 타동사, 수여 동사, 불완전 타동사)로 분류되는데 이것이 문장의 5 형식을 결정합니다.

완전 자동사 : 1 형식 문장을 만듦(주어 + 완전 자동사)

완전 자동사 스스로 완전한 뜻을 가지고 있으므로 주어 외에는 필요치 않습니다.

They work.	그들은 일한다.
He talks.	그는 이야기하고 있다.
She smiles.	그녀는 미소 짓는다.

불완전 자동사 : 2 형식 문장을 만듦(주어 + 불완전 자동사 + 주격보어)

불완전 자동사는 주격보어(명사, 형용사 및 그 상당어구)를 필요로 합니다. 주어 = 주격보어 관계입니다.

He looks happy.	그는 행복해 보인다. (He = happy)
Everybody gets old.	모두가 늙어 간다. (Everybody = old)

The food smells good.	이 음식은 좋은 냄새가 난다. (The food = good)
He is a boy.	그는 소년이다. (He = boy)
She became a teacher.	그녀는 선생님이 되었다. (She = teacher)

완전 타동사 : 3 형식 문장을 만듦(주어 + 완전 타동사 + 목적어)

완전 타동사는 주어의 동작이나 상태를 설명하면서 동사가 행하는 동작의 대상이 되는 목적어를 필요로 합니다.

She likes apples.	그녀는 사과를 좋아한다.
They move boxes.	그들은 상자들을 옮긴다.
Horses drink water.	말들이 물을 마신다.
Happiness brings happiness.	행복이 행복을 가져온다.

수여 동사 : 4 형식 문장을 만듦
(주어 + 수여 동사 + 간접 목적어(사람) + 직접 목적어(사물))

수여 동사는 동작의 대상이 사람과 사물 두 개의 목적어를 필요로 합니다.

I teach them English.	나는 그들에게 영어를 가르친다.
She gives him money.	그녀는 그에게 돈을 준다.
He offers me a job.	그는 나에게 직장을 제안한다.
He buys her a book.	그는 그녀에게 한 권의 책을 사 준다.
Mom made me a dress.	어머니는 나에게 드레스를 만들어 주었다.

수여 동사는 완전 타동사와 겸하는 경우가 많습니다. 간접 목적어와 직접 목적어의 위치를 바꾸고 간접 목적어 앞에 전치사 to 또는 for를 두면 수여 동사는 완전 타동사가 되어 3 형식 문장이 되는데 뜻은 같습니다.

〈3 형식 문장들〉

I teach English to them.	나는 그들에게 영어를 가르친다.
She gives money to you.	그녀는 당신에게 돈을 준다.
He offers a job to me.	그는 나에게 직장을 제안한다.
He buys a book for her.	그는 그녀에게 한 권의 책을 사 준다.
Mom made a dress for me.	어머니는 나에게 드레스를 만들어 주었다.

불완전 타동사 :

5 형식 문장을 만듦(주어 + 불완전 타동사 + 목적어 + 목적보어)

불완전 타동사는 목적어만으로 부족하여 목적보어를 필요로 합니다. 명사, 형용사, 동사의 원형이 목적보어가 됩니다. 목적어 = 목적보어 관계가 성립됩니다.

We elected him president.	우리는 그를 회장으로 선출했다. (him = president)
She makes me happy.	그녀는 나를 행복하게 한다. (me = happy)
I saw him cry.	나는 그가 우는 것을 보았다. (him = cry)
He wants the job done.	그는 그 일이 끝나기를 바란다. (Job = done)

(2) 동사의 2 가지 이상 역할

대부분의 동사는 2 가지 이상(완전 자동사, 불완전 타동사 등)의 역할을 하므로 하나의 동사가 여러 형식의 문장을 만듭니다. 동사의 뜻도 문장의 형식에 따라 달라지므로 그 뜻을 구별해서 외워야 합니다.

change : 2 가지 형식의 문장을 만듦

The weather changes. (1 형식 완전 자동사)	날씨는 변한다.
He changed his mind. (3 형식 완전 타동사)	그는 마음을 바꿨다.

keep : 3 가지 형식의 문장을 만듦

He keeps silent. (2 형식 불완전 자동사)	그는 침묵을 지키고 있다.
He keeps old books. (3 형식 완전 타동사)	그는 오래된 책들을 보관한다.
He keeps the room clean. (5 형식 불완전 타동사)	그는 방을 깨끗한 상태로 유지한다.

call : 4 가지 형식의 문장을 만듦

He calls. (1 형식 완전 자동사)	그는 외치고 있다.
He calls me. (3 형식 완전 타동사)	그는 나를 부른다.
He calls me a taxi. (4 형식 수여 동사)	그는 나에게 택시를 불러 준다.
People call him Tom. (5 형식 불완전 타동사)	사람들은 그를 Tom이라고 부른다.

(3) 동사의 어미 변화

동사는 어미가 변화되어 현재분사, 과거분사, 동명사와 부사가 됩니다.

a. 현재분사

동사의 원형에 ing가 붙는 꼴을 현재분사(read = reading)라고 하며 다음과 같은 역할을 합니다.

현재분사는 be 동사와 함께 6 가지 진행형 시제를 만듭니다.

He is reading a book.	그는 책을 읽고 있다. (현재 진행형)
He was reading a book.	그는 책을 읽고 있었다. (과거 진행형)
He will be reading a book.	그는 책을 읽고 있을 것이다. (미래 진행형)
He has been reading a book.	그는 책을 계속해서 읽고 있다. (현재완료 진행형)
He had been reading a book.	그는 책을 계속해서 읽고 있었다. (과거완료 진행형)

He will have been reading a book. 그는 책을 계속해서 읽고 있을 것이다.
(미래완료 진행형)

현재분사는 '……하고 있는, ……중인'이라는 능동의 뜻을 가진 형용사가 됩니다. 형용사로서 명사 앞에서 수식합니다.

standing men 서 있는 사람들 shining stars 빛나는 별들
a crying baby 울고 있는 아기 rolling stones 구르는 돌들

현재분사가 명사를 뒤에서 수식하는 경우는 부사구가 따라올 때입니다.

the girl waiting for the bus. 버스를 기다리고 있는 소녀.
people working in the farm. 농장에서 일하고 있는 사람들.

현재분사는 형용사이므로 문장에서 주격보어와 목적보어가 됩니다.
다음 문장에서는 주격보어(문장의 2 형식)로서 주어를 수식하고 있습니다.(주어 = 주격보어)

He came running. 그는 달려서 왔다. (He = running)
The game looks boring. 그 경기는 지루하게 보인다. (The game = boring)

다음 문장에서는 목적보어(문장의 5 형식)로서 목적어를 수식하고 있습니다.(목적어 = 목적보어)

I saw him crying. 나는 그가 우는 것을 보았다. (him = crying)
I watched children playing. 나는 어린이들이 노는 것을 지켜보았다.
(children = playing)

또한 현재분사는 부사의 역할도 합니다.

Did you have trouble finding my house? 나의 집을 찾는 데 어려움이 있었습니까?
finding(현재분사) 찾는 데 : 부사로 쓰임
I met John walking down the street. 거리를 걷다가 John을 만났다.
walking(현재분사) 걷다가 : 부사로 쓰임
I felt his love reading his letter. 그의 편지를 읽으면서 그의 사랑을 느꼈다.
reading(현재분사) 읽으면서 : 부사로 쓰임
He drinks coffee enjoying the music. 그는 음악을 즐기면서 커피를 마신다.
enjoying(현재분사) 즐기면서 : 부사로 쓰임
She smiles looking at me. 그녀는 나를 보면서 미소 짓는다.
looking(현재분사) 보면서 : 부사로 쓰임

b. 과거분사

모든 동사는 과거분사형을 갖는데(규칙 변화와 불규칙 변화) 다음과 같은 역할을 합니다. have(has)와 함께 현재완료형, had와 함께 과거완료형, will have와 함께 미래완료형 시제를 만듭니다.

He has written a letter. 그는 편지를 다 썼다. (현재완료)
He had written a letter. 그는 편지를 다 썼었다. (과거완료)
He will have written a letter. 그는 편지를 다 써 버릴 것이다. (미래완료)

과거분사는 '……되어진, ……하여진'이라는 수동의 뜻을 가진 형용사가 됩니다. 형용사로서 명사 앞에서 수식합니다.

honored people 존경 받는 사람들
changed men 변화된 사람들
hidden treasures 숨겨진 보물들
ruined cities 황폐한 도시들

과거분사가 명사를 뒤에서 수식하는 경우에는 부사구가 뒤에 따라옵니다.

the bridges destroyed in the war. 전쟁에서 파괴된 다리들.
teachers respected by the students. 학생들에 의해 존경 받는 선생님들.

과거분사는 형용사이므로 주격보어, 목적보어가 됩니다.

다음 문장에서는 주격보어(문장의 2 형식)로서 주어를 수식하고 있습니다.(주어 = 주격보어)

He got married. 그는 결혼했다. (He = married)
She looks scared. 그녀는 겁에 질려 보인다. (She = scared)

다음 문장에서는 목적보어(문장의 5 형식)로서 목적어를 수식하고 있습니다.(목적어 = 목적보어)

I found him injured. 나는 그가 부상당한 것을 발견했다. (him = injured)
He got his watch repaired. 그는 그의 시계를 수리시켰다. (his watch = repaired)

과거분사는 be 동사와 함께 수동태 문장을 만듭니다.

〈능동태를 수동태로 바꾸는 방법〉

- 능동태의 목적어를 주격으로 바꾸어 수동태의 주어로 한다.
- 능동태의 동사를 be + 과거분사 형태로 바꾼다.
- be 동사는 수동태 주어의 인칭과 수에 일치시키고 능동태 시제와 일치시킨다.
- 능동태의 주어를 목적격으로 바꾼 후 by 뒤에 둔다.

수동태는 be + 과거분사 + by의 형태가 되며 8 가지의 시제를 갖습니다.

능동태	수동태
Everyone loves you.	You are loved by everyone.
모두가 당신을 사랑한다.	당신은 모두에게 사랑 받는다.
They built the house.	The house was built by them.
그들이 집을 건축했다.	이 집은 그들에 의해서 건축되었다.
He will make the desk.	The desk will be made by him.
그는 책상을 만들 것이다.	책상은 그에 의해서 만들어질 것이다.
She tells us a story.	We are told a story by her.
그녀는 우리들에게 이야기를 말한다.	우리들에게 이야기가 전해진다.
	A story is told to us by her.
	이야기는 우리들에게 말해진다.

(4 형식 문장은 간접 목적어와 직접 목적어 둘 다 수동태의 주어가 될 수 있습니다.)

c. 동명사

동사의 어미에 ing가 붙은 꼴을 동명사(현재분사와 같은 꼴)라고 하는데 동명사는 명사로서 주어, 보어, 목적어가 됩니다. 또한 동사의 성질을 가지고 있으므로 보어와 목적어를 취할 수 있습니다.

Seeing is believing. 보는 것이 믿는 것이다.

→ Seeing(동명사) 주어, believing(동명사) 주격보어

She stopped talking. 그녀는 말하기를 멈췄다.

→ talking(동명사)이 완전 타동사 stop의 목적어

He enjoys reading. 그는 책 읽기를 즐긴다.

→ reading(동명사)이 완전 타동사 enjoy의 목적어

동명사는 동사의 성질을 가진 명사이므로 스스로 목적어와 보어를 취할 수 있습니다.

Speaking the truth is important. 진실을 말하는 것은 중요하다.
→ truth가 Speaking(동명사)의 목적어

Being an artist is not bad. 예술가가 되는 것은 나쁘지 않다.
→ an artist가 Being(동명사)의 주격보어

(4) 부정사

동사는 전치사 to와 결합하여 부정사(to + do)가 되는데 명사, 형용사, 부사 세 가지 역할을 합니다.

명사로서 주어, 보어, 목적어가 됨

To speak is easy. 말하는 것은 쉽다. (to speak가 주어)
Love is to share. 사랑은 나누는 것이다. (to share가 주격보어)
I love to sing. 나는 노래하는 것을 좋아한다.
(to sing이 완전 타동사 love의 목적어)

형용사로서 명사 수식(명사 뒤에서 수식함)

She has books to read. 그녀는 읽기 위한 책을 가지고 있다.
→ to read가 형용사로서 명사 books 수식

부사로서 동사, 형용사, 다른 부사 수식

We eat to live. 우리는 살기 위하여 먹는다.
→ to live가 부사로서 동사 eat 수식
I am glad to see you. 나는 당신을 만나서 기쁘다.

→ to see가 부사로서 형용사 glad 수식

She is rich enough to buy it. 그녀는 그것을 살 만큼 충분히 부자다.

→ to buy가 부사로서 다른 부사 enough 수식

wh(의문사)가 부정사 to + do와 결합한 wh + to + do(명사구)는 주어, 보어, 목적어 역할을 합니다.

What to do tomorrow is not decided.

내일 무엇을 할지는 결정되지 않았다. (What to do가 주어)

My question is when to leave.

내 질문은 언제 떠나는지다. (when to leave가 주격보어)

I know how to make it.

나는 그것을 만드는 방법을 알고 있다. (how to make it이 know의 목적어)

부정사의 부정

부정사의 부정은 부정사 앞에 not을 붙입니다.

I told you not to come here. 너에게 여기 오지 말라고 말했잖아.

He asked me not to talk too much. 그는 나에게 말을 너무 많이 하지 않도록 부탁했다.

I advised him not to speed up. 나는 그에게 과속하지 말라고 충고했다.

do 동사의 중요 기능을 정리하면 다음과 같습니다.

1. 동사는 5 가지 형태 완전 자동사, 불완전 자동사, 완전 타동사, 수여 동사, 불완전 타동사로 분류되며 이것이 문장의 5 형식을 결정합니다. (문장의 5 형식이 세분화되면 문형이 됨)

2. 대부분의 동사는 2 가지 이상의 역할을 겸하므로 여러 형식의 문장을 만듭니다.

3. 동사의 현재분사형은 be 동사와 함께 6 가지 진행형을 만듭니다. (진행형과 완료 진행형)

4. 동사의 현재분사형은 형용사로서 명사, 대명사를 수식합니다.

5. 동사의 현재분사형은 형용사로서 주격보어, 목적보어가 됩니다.

6. 동사의 현재분사형은 부사 역할을 합니다.

7. 동사의 과거분사형은 have(has) 동사와 함께 완료형 시제를 만듭니다.

8. 동사의 과거분사형은 be 동사와 함께 수동태 문장을 만듭니다.

9. 동사의 과거분사형은 형용사로서 명사, 대명사를 수식합니다.

10. 동사의 과거분사형은 형용사로서 주격보어, 목적보어가 됩니다.

11. 동사는 동명사(명사)가 되어 문장에서 주어, 목적어, 보어가 될 수 있습니다.

12. 동사는 전치사 to와 결합하여(부정사) 명사, 형용사, 부사의 역할을 합니다.

13. 부정사는 wh(의문사)와 결합하여 명사구(wh + to + do)가 되어 주어, 목적어, 보어 구실을 합니다.

영어는 동사 중심의 언어이며 여러 문법적 기능과 연결되어 있습니다. 동사의 이러한 문법적 기능이 머릿속에 각인되어야 영어 실력이 향상됩니다.

8. be 동사

(1) be 동사의 종류

be 동사는 현재, 과거, 미래형이 있으며 인칭과수에 변화를 갖습니다.

단수	현재	과거	복수	현재	과거
1 인칭	I am	I was	1 인칭	We are	We were
2 인칭	You are	You were	2 인칭	You are	You were
3 인칭	He(She, It) is	He(She, It) was	3 인칭	They are	They were

be 동사의 미래형은 단수, 복수, 인칭에 상관없이 will be를 사용합니다.

I will be　We will be　You will be　He will be　They will be　It will be

(2) be 동사가 있는 평서문을 의문문과 부정문으로 만드는 법

평서문을 부정문으로 바꾸는 법

: be 동사 뒤에 not을 붙입니다.

평서문 : He is busy. 그는 바쁘다.　　부정문 : He is not busy. 그는 바쁘지 않다.

평서문을 의문문으로 바꾸는 법

: be 동사를 문장의 맨 앞에 둡니다.

평서문 : He is busy. 그는 바쁘다.　　의문문 : Is he busy? 그는 바쁜가요?

(3) 완전 자동사와 불완전 자동사

be 동사는 완전 자동사와 불완전 자동사로 나뉩니다.

완전 자동사(문장의 1 형식) : 있다, 존재하다

God is.	신은 존재한다. (현재형)
God was.	신은 존재했다. (과거형)
God will be.	신은 존재할 것이다. (미래형)

불완전 자동사(문장의 2 형식) : ……이다

be 동사가 불완전 자동사로 쓰이면 주격보어를 취합니다. (주어 = 주격보어)

He is happy.	그는 행복하다. (He = happy)
He is a student.	그는 학생이다. (He = student)
A rose is beautiful.	장미는 아름답다. (rose = beautiful)
A rose is a flower.	장미는 꽃이다. (rose = flower)

(4) be 동사의 과거분사형

be 동사의 과거분사형은 been이며 have(has)와 함께 완료형 시제를 만듭니다.

- 현재완료형 : have(has) been
- 과거완료형 : had been
- 미래완료형 : will(shall) have been

완전 자동사(문장의 1 형식)로 쓰이는 경우 : 있다, 존재하다

I have been here.	나는 이전부터 지금까지 여기에 쭉 있어 왔다. (현재완료형)
I had been here.	나는 과거의 이전부터 과거의 어느 순간까지 여기에 쭉 있었다. (과거완료형)
I will have been here.	나는 미래의 어느 순간까지 계속해서 여기에 있을 것이다. (미래완료형)

불완전 자동사(문장의 2 형식)로 쓰이는 경우 : ……이다(주격보어를 필요로 함)

I have been happy.	나는 과거부터 지금까지 계속해서 행복하다. (현재완료형)
I have been a teacher.	나는 과거부터 지금까지 계속 선생님이다. (현재완료형)
I had been happy.	나는 과거의 어느 때까지 계속 행복했다. (과거완료형)
I had been a teacher.	나는 과거의 어느 때까지 선생님이었다. (과거완료형)
I will have been happy.	나는 미래의 어느 때까지 계속 행복할 것이다. (미래완료형)
I will have been a teacher.	나는 미래의 어느 때까지 계속 선생님일 것이다. (미래완료형)

(5) be 동사와 현재분사의 결합

be 동사는 현재분사와 결합하여 단순 진행형과 완료 진행형 6 가지 시제를 만듭니다.

He is working.	그는 일하고 있다. (현재 진행형)
He was working.	그는 일하고 있었다. (과거 진행형)
He will be working.	그는 일하고 있을 것이다. (미래 진행형)
He has been working.	그는 계속해서 일해 오고 있다. (현재완료 진행형)
He had been working.	그는 계속해서 일해 오고 있었다. (과거완료 진행형)
He will have been working.	그는계속해서 일하고 있을 것이다. (미래완료 진행형)

(6) be 동사와 과거분사의 결합

be 동사는 과거분사와 결합하여 8 가지 시제의 수동태 문장을 만듭니다.

능동태	수동태	시제
He writes a letter. 그는 편지를 쓴다.	A letter is written by him 편지는 그에 의해서 쓰여진다.	현재형
He wrote a letter. 그는 편지를 썼다.	A letter was written by him. 편지는 그에 의해서 쓰여졌다.	과거형
He will write a letter. 그는 편지를 쓸 것이다.	A letter will be written by him. 편지는 그에 의해서 쓰여질 것이다.	미래형
He has written a letter. 그는 편지를 (쓰는 것을) 끝냈다.	A letter has been written by him. 편지는 그에 의해서 끝내졌다.	현재완료형
He had written a letter. 그는 편지를 완료했었다. (과거의 어느 시점)	A letter had been written by him. 편지는 그에 의해서 완료되었다.	과거완료형
He will have written a letter 그는 편지를(미래의 어느 시점에) 완료할 것이다.	A letter will have been written by him. 편지는 그에 의해서 미래에 완료될 것이다.	미래완료형
He is writing a letter. 그는 편지를 쓰고 있다.	A letter is being written by him. 편지는 그에 의해서 쓰여지고 있다.	현재 진행형
He was writing a letter. 그는 편지를 쓰고 있었다.	A letter was being written by him. 편지는 그에 의해서 쓰여지고 있었다.	과거 진행형

(7) be 동사의 관용구적인 표현들

be + to (do) : ……하기로 되어 있다(예정)

I am to meet him tonight. 나는 오늘 밤 그를 만나기로 되어 있다.

You are to attend the meeting. 당신은 회의에 참석하기로 되어 있다.

be + going to (do) : ……할 작정이다(가까운 미래)

She is going to get a job. 그녀는 직장을 가질 작정이다.

I am going to help him. 나는 그를 도울 작정이다.

be + about to (do) : 막 ……하려는 참이다

We are about to start. 우리는 막 출발하려는 참이다.

I am about to call you. 너에게 지금 전화하려는 참이다.

be used to (명사 or 동명사) : ……에 익숙해지다

You will be used to heavy traffics. 당신은 복잡한 교통에 익숙해질 것이다.

I am used to walking. 나는 걷는 것에 익숙하다.

be 동사의 기능을 정리하면 다음과 같습니다.

1. be 동사는 인칭과 수 그리고 시제에 변화가 있습니다.

2. be 동사의 의문문과 부정문은 do 동사를 사용하지 않습니다.

3. be 동사는 완전 자동사와 불완전 자동사로 나뉩니다.

4. be 동사는 대표적인 불완전 자동사로 문장의 2 형식을 만듭니다.

5. be 동사는 현재분사와 함께 단순 진행형과 완료 진행형을 만듭니다.(6가지 시제)

6. be 동사는 과거분사와 함께 수동태를 만듭니다.(8가지 시제)

7. be 동사는 다양한 관용어구를 만듭니다.

be 동사도 do 동사처럼 다양한 문법적 기능을 가지고 있으며 폭넓게 사용되므로 be 동사의 활용범위를 머릿속에 깊이 각인시켜야 합니다.

9. 부사

부사는 동사나 형용사 또는 다른 부사를 수식하는 품사입니다.

주로 동사를 수식하는경우가 많으며 우리말 해석은 '……히, ……시, ……리, ……게, ……에, ……로, ……서' 등으로 해석하며 대부분 부사의 어미는 ly로 끝납니다.

동사 수식

He talks slowly. (quickly, gently, briskly, nicely 등)

그는 천천히 말한다. (빨리, 점잖게, 씩씩하게, 얌전하게)

→ 부사 slowly, quickly, gently, nicely 등이 동사 talk를 수식하고 있습니다.

He works diligently(carefully, sincerely 등)

그는 부지런히(주의 깊게, 성실히 등) 일한다.

→ 부사 diligently, carefully, sincerely 등이 동사 work를 수식하고 있습니다. 이와 같이 부사의 수식을 받는 동사는 주어의 동작이나 상태를 더 잘 설명해 줄 수 있습니다.

형용사 수식

She is very kind. 그녀는 매우 친절하다.

→ 부사 very가 형용사 kind를 수식하고 있습니다.

I am so sorry. 정말 미안합니다.

→ 부사 so가 형용사 sorry를 수식하고 있습니다.

다른 부사 수식

He speaks English very well. 그는 영어를 매우 잘한다.

→ 부사 very가 부사 well를 수식하고 있습니다.

부사 상당어구로는 전명구, 부정사, 부사절을 이끄는 종속 접속사가 있으며 이들도 부사가 되어 동사를 수식합니다.

I walk for my health. 나는 건강을 위해서 걷는다.
→ 전명구(for my health)가 부사가 되어 동사 walk를 수식합니다.

We eat to live. 우리는 살기 위해서 먹는다.
→ 부정사(to + 동사의 원형) to live가 부사가 되어 동사 eat을 수식합니다.

I will wait here until you come back. 당신이 돌아올 때까지 여기서 기다리겠다.
→ 종속 접속사에 이끌리는 부사절 until you come back이 부사가 되어 동사 wait을 수식합니다.

10. 전치사

하나의 전치사는 많은 뜻을 가지고는 있으나 전치사 혼자서는 어떤 구실도 하지 못합니다. 전치사는 뒤에 오는 명사 또는 그 상당어구와 결합하여 형용사와 부사가 되는데 이를 전명구(전치사 + 명사 또는 그 상당어구)라고 합니다.

쉽고 편안한 영어를 하기 위해서는 하나의 전치사가 가지고 있는 많은 뜻을 깊이 이해하고 명사와 결합하여 문장에서 필요한 형용사와 부사를 능숙하게 만들어 사용할 줄 알아야 합니다.

여기서는 전치사 in과 on의 중요한 뜻들을 소개합니다. 하나의 전치사는 이렇게 많은 뜻을 가지고 있으므로 전치사 공부는 하나씩 사전을 통해서 깊이 공부해야 합니다.
(in, at, on, about, of, off, to, for, with, from, before, after, since, over, above, beyond, up 등)

in

- 장소 : ……에서, ……안에서, ……중에

They met in my office. (in my office가 부사로서 동사 met 수식)
그들은 나의 사무실에서 만났다.
She lives in Seoul. (in Seoul이 부사로서 동사 lives 수식)
그녀는 서울에서 산다.
The students in class must not talk. (in class가 형용사로 명사 students 수식)
수업 중인 학생들은 잡담해서는 안 된다.
The ball in my hand is soft. (in my hand가 형용사로 명사 ball 수식)
내 손 안에 있는 공은 부드럽다.

- 행위, 활동 : ……에 종사하고, ……하며

She acts in high society. (in high society가 부사로서 동사 act 수식)
그녀는 사교계에서 활동한다.
He is in the food business. (in the food business가 부사로서 동사 is 수식)
그는 음식업에 종사하고 있다.
The lady in speech looks wonderful. (in speech가 형용사로서 명사 lady 수식)
연설 중인 그 여자는 멋져 보인다.
My son in the Navy loves sea. (in the navy가 형용사로서 명사 son 수식)
해군에 복무 중인 내 아들은 바다를 사랑한다.
My friend in art busines will succeed. (art business가 형용사로서 명사 friend 수식)
예술업에 종사하는 내 친구는 성공할 것이다.

• 착용 : ……을 입고, ……을 착용하고
All the children dress in blue. (in blue가 부사로서 동사 dress 수식)
모든 어린이들이 파란색으로 옷을 입고 있다.
They work in uniform. (in uniform이 부사로서 동사 work 수식)
그들은 유니폼을 입고 일한다.
The man in the sunglasses is my uncle. (in the sunglasses가 형용사로서 명사 man 수식)
선글라스를 낀 그 사람은 나의 아저씨다.
The lady in the blue hat smiles at me. (in the blue hat가 형용사로서 명사 lady 수식)
파란 모자를 쓰고 있는 그녀가 나를 보고 미소 짓는다.

• 시간 : ……때에, ……에, ……당시에
He gets up early in the morning. (in the morning이 부사로서 동사 gets up 수식)
그는 아침 일찍 일어난다.
Some animals sleep in the winter. (in the winter가 부사로서 동사 sleep 수식)
어떤 동물들은 겨울에 잔다.
The weather here in May is very beautiful. (in May가 형용사로서 명사 weather 수식)
여기 오월의 날씨는 매우 아름답다.

Many people in those days used to smoke. (in those days가 형용사로서 명사 people 수식)
그 당시의 많은 사람들은 담배를 피우곤 했다.

• 시간의 경과 : ……지난 후에, ……만에
He came back in two weeks. (in two weeks가 부사로서 동사 came 수식)
그는 2 주가 지나서 돌아왔다.
I will call you in a couple of hours. (in a couple of가 부사로서 동사 call 수식)
나는 두세 시간 후에 너에게 전화할 것이다.

• 수단, 도구, 재료 : ……로, ……로 만든, ……을 사용하여
He speaks in English. (in English가 부사가 되어 동사 speaks 수식)
그는 영어로 말한다.
He writes in a pencil. (in a pencil이 부사가 되어 동사 writes 수식)
그는 연필로 글을 쓴다.
Pictures in oil are expensive. (in oil이 형용사가 되어 명사 pictures 수식)
오일로 그린 그림은 비싸다.
People look at the statue in gold. (in gold가 형용사로 명사 statue 수식)
사람들이 금으로 된 동상을 바라보고 있다.

• 상태 : ……한 상태로, ……하여
He is in good health. (in good health가 부사가 되어 동사 is 수식)
그는 건강한 상태에 있다.
She goes out in the snow. (in the snow가 부사가 되어 동사 goes 수식)
그녀는 눈이 오는데도 외출한다.
People in excitement shouted. (in excitement가 형용사가 되어 명사 people 수식)
흥분에 싸인 군중들은 소리쳤다.
The cities in ruin will be developed. (in ruin이 형용사가 되어 명사 cities 수식)
폐허가 된 도시들은 개발될 것이다.

on

• 장소 : ……의 표면에, ……의 위에

They dance on the stage. (on the stage가 부사가 되어 동사 dance 수식)

그들은 무대 위에서 춤춘다.

Who puts a bell on the cat? (on the cat가 부사가 되어 동사 puts 수식)

누가 고양이에게 방울을 달 것인가?

The books on the desk are mine. (on the desk가 형용사가 되어 books 수식)

책상 위에 있는 책들은 나의 것이다.

The birds on the tree will fly away soon. (on the tree가 형용사가 되어 birds 수식)

나무 위의 새들은 곧 날아갈 것이다.

• 착용 : ……에 붙여, ……에 달리어, ……의 몸에 지니고

The cop found a gun on him. (on him이 부사가 되어 동사 found 수식)

경찰은 그의 몸에서 권총을 발견했다.

The flower on the hat looks beautiful. (on the hat이 형용사가 되어 명사 flower 수식)

모자에 붙어 있는 꽃은 매우 아름답게 보인다.

• 근접 : ……에 접하여

Hotels on the lake have wonderful views. (on the lake가 형용사가 되어 명사 hotels 수식)

호숫가에 접한 호텔들은 훌륭한 전망을 가지고 있다.

There are many houses on both sides of the river. (on both sides가 부사가 되어 동사 are 수식)

강의 양쪽 기슭에 많은 집들이 있다.

• 시간 : ……에, ……때에

I will see you on Sunday. (on Sunday가 부사가 되어 동사 see 수식)

일요일에 너를 만날 것이다.

We remember the accident on May 3. (on May 3가 형용사가 되어 명사 accident 수식)

우리는 5 월 3 일의 그 사고를 기억한다.

• 관계 : ……에 대하여, ……에 관하여

They always talk on the politics. (on the politics가 부사가 되어 동사 talk 수식)

그들은 항상 정치에 관해서 이야기한다.

He buys books on the music. (on the music가 형용사가 되어 book 수식)

그는 음악에 관한 책들을 구입한다.

• 상태 : ……중에, ……상태에

They are on strike. (on strike가 부사가 되어 동사 are 수식)

그들은 파업 중이다.

He bought a sweater on sale. (on sale이 형용사가 되어 명사 sweater 수식)

그는 세일 중인 스웨터를 샀다.

• 부담 : ……의 비용으로, ……의 지불로

The dinner is on me. (on me가 부사가 되어 동사 is 수식)

저녁은 내가 산다.

Please enjoy the food on the house. (on the house가 형용사가 되어 명사 food 수식)

주최 측이 지불하는 음식들을 즐기세요.

• 근거 : ……에 근거하여, ……에 따라서

Soldiers act on the orders. (on the orders가 부사가 되어 동사 act 수식)

병사들은 명령에 따라 행동한다.

This is a story on fact. (on fact가 형용사가 되어 명사 story 수식)

이것은 사실에 근거한 이야기다.

• 수단 : ……로, ……으로

Cars run on gasoline. (on gasoline이 부사가 되어 동사 run 수식)

자동차는 가솔린으로 달린다.

Playing on the piano sounds beautiful. (on the piano가 형용사가 되어 동명사 Playing 수식)

피아노로 하는 연주는 아름답게 들린다.

• 방향 : ……하는 도중에, ……을 향해

I met him on the way home. (on the way home이 부사가 되어 동사 met 수식)

나는 집에 가는 도중에 그를 만났다.

Her smile on us makes us happy. (on us가 형용사가 되어 명사 Her smile 수식)

우리들을 향한 그녀의 미소는 우리를 행복하게 한다.

11. 접속사

접속사는 말 그대로 단어와 단어, 구와 구, 절과 절을 연결해 주는 품사입니다.
접속사는 등위 접속사와 종속 접속사 2 가지가 있습니다.

(1) 등위 접속사

단어와 단어, 구와 구, 절과 절을 문법상 대등한 관계로 연결해 주는 접속사입니다.
등위 접속사의 종류 : and, or, but, for, so

and : ……와, 그리고

You and I. 당신과 나. (단어와 단어 연결)
to do and not to do. 해야 할 것과 하지 말아야 할 것. (구와 구 연결)
I opend the door and he came in. 내가 문을 열자 그가 들어왔다. (절과 절 연결)

or : 혹은, 또는

this or that. 이것이 아니면 저것. (단어와 단어 연결)
Would you go by bus or by train? 버스로 아니면 기차로 가시겠어요? (구와 구 연결)
Are you coming or aren't you coming? 오시겠습니까? 아니면 오지 않겠습니까? (절과 절 연결)

but : 그러나, 하지만

young but wise. 젊지만 현명한. (단어와 단어 연결)
They didn't come to fight but to help. 그들은 싸우려 온 게 아니고 도우러 왔다. (구와 구 연결)
She is not pretty but she is very smart. 그녀는 예쁘지 않지만 매우 영리합니다. (절과

절 연결)

for : 왜냐면 ……하니까

She cried, for she was sad. 그녀는 울었다. 왜냐면 슬펐으므로. (절과 절 연결)
He didn't show up, for he was busy. 그는 나타나지 않았다. 왜냐면 바빴으므로. (절과 절 연결)

so : 그래서, 그러므로, ……하도록

I have no money so I can't buy it. 나는 돈이 없어서 그것을 살 수 없다. (절과 절)
Speak a little louder so we can hear. 우리가 들을 수 있도록 조금 더 큰 소리로 말하세요. (절과 절)

(2) 종속 접속사

명사절과 부사절을 이끕니다.
종속 접속사의 종류 : that, if, whether, when, as, while, after, though 등

a. 명사절을 이끄는 종속 접속사

that, if(whether)는 명사절을 이끌며 문장에서 주어, 주격보어, 목적어 구실을 합니다.

That he can speak English well is true. (that 절 = 주어)
그가 영어를 잘 말할 수 있다는 것은 사실이다.
My point is that we have to find solution. (that 절 = 주격보어)
내 요점은 우리가 해결책을 찾아야 한다는 것이다.
They believe that Koreans are very diligent. (that 절 = 목적어)
그들은 한국인들이 매우 부지런하다고 믿는다.

Whether she is pretty or not doesn't matter to me. (whether 절 = 주어)
그녀가 예쁘고 아니고는 나에게 중요하지 않다.
My question is whether he is coming or not. (whether 절 = 주격보어)
내 질문은 그가 오느냐 오지 않느냐이다.
I don't know if(whether) he is home. (if(whether) 절 = 목적어)
나는 그가 집에 있을지 없을지 모른다.

종속 접속사는 아니지만 의문사(who, what, where, why, when, which, how)로 이끌리는 절은 명사절이 되어 완전 타동사의 목적어 역할을 합니다.

We know who they are. 우리는 그들이 누구인지 알고 있다.
→ who they are(명사절)가 동사 know의 목적어
She asks what this is. 그녀는 이것이 무엇인지 묻는다.
→ what this is(명사절)가 동사 ask의 목적어
He tells where the money is. 그는 돈이 어디에 있는지 말한다.
→ where the money is(명사절)가 동사 tell의 목적어
He shows how he makes coffee. 그는 어떻게 커피를 만드는지 보여 준다.
→ how he makes coffee(명사절)가 동사 show의 목적어
He decides when we leave. 우리가 언제 떠날지 그가 결정한다.
→ when we leave(명사절)가 동사 decides의 목적어
I know why she cried. 나는 그녀가 왜 울었는지 알고 있다.
→ why she cried(명사절)가 동사 know의 목적어

종속 접속사는 아니지만 관계 대명사 what은 선행사(명사)를 포함한 명사절을 이끌어 문장에서 주어, 보어, 목적어가 됩니다.

What he says counts. 그가 말하는 것은 중요하다.
→ What he said가 주어

This is what she wants. 이것이 그녀가 원하는 것이다.

→ what she wants가 주격보어

I know what she bought. 나는 그녀가 구입한 것을 알고 있다.

→ what she bought가 목적어

b. 부사절을 이끄는 종속 접속사

when, as, while, till, since, after, before, than, though 등. 부사절을 이끌며 주절의 동사를 수식합니다.

He called me when I was reading a book. 내가 책을 읽고 있을 때 그가 전화했다.

→ when 이하가 부사절(부사)로 동사 called 수식

I work while they sing. 그들이 노래하는 동안 나는 일한다.

→ while 이하가 부사절(부사)로 동사 work 수식

Stay here until I will come back. 내가 돌아올 때까지 여기 있어라.

→ until 이하가 부사절(부사)로 동사 Stay 수식

You should do it as I tell you. 내가 명령한 대로 너는 그것을 해야 한다.

→ as 이하가 부사절(부사)로 동사 do 수식

I met her once since we broke up. 우리가 헤어진 후 그녀를 한 번 만난 적이 있다.

→ since 이하가 부사절(부사)로 동사 met 수식

I will start the work after he comes back. 그가 돌아온 후 나는 그 일을 시작할 것이다.

→ after 이하가 부사절(부사)로 동사 start 수식

You think twice before you answer. 대답하기 전에 두 번 생각하세요.

→ before 이하가 부사절(부사)로 동사 think 수식

You can call me whenever you want. 당신이 원할 때는 언제나 전화하세요.

→ whenever 이하가 부사절(부사)로 동사 call 수식

c. 형용사절을 이끄는 관계 대명사

who, whose, whom, which, that 등이 있으며 관계 대명사는 절과 절을 이어 주는 접속사와 대명사의 역할을 겸합니다.
관계 대명사가 이끄는 절은 형용사절이 되어 주절의 명사(선행사)를 수식합니다.
관계 대명사에는 주격, 소유격, 목적격이 있습니다.

주격 관계 대명사 who : 선행사가 사람일 때

I know the man.
나는 그 남자를 알고 있다.
He speaks English very well.
그는 영어를 매우 잘 말한다.
I know the man who speaks English very well.
나는 영어를 매우 잘하는 사람을 알고 있다.
→ 관계 대명사 who 이하가 형용사절이 되어 선행사(명사) man을 수식하고 있습니다. who는 접속사의 역할과 종속절의 주격(he)를 포함하고 있습니다.

소유격 관계 대명사 whose : 선행사가 사람일 때(동물과 사물에도 같이 쓰임)

She knows a man.
그녀는 한 남자를 알고 있다.
His family is very rich and famous.
그의 가족은 매우 부자고 유명하다.
She knows a man whose family is very rich and famous.
그녀는 가족이 매우 부유하고 유명한 한 남자를 알고 있다.
→ 관계 대명사 whose 이하가 형용사절이 되어 선행사(명사) man을 수식하고 있습니다. whose가 접속사의 역할과 종속절의 주격(his family)을 포함합니다.

목적격 관계 대명사 whom : 선행사가 사람인 경우에만

He is a teacher.

그는 선생님이다.

Everyone likes him.

모두가 그를 좋아한다.

He is a teacher whom everyone likes.

그는 모두가 좋아하는 선생님입니다.

→ 관계 대명사 whom 이하가 형용사절이 되어 선행사(명사) teacher를 수식하고 있습니다. whom은 접속사의 역할과 종속절의 him(목적격)을 포함하고 있습니다.

관계 대명사 which : 선행사가 동물, 사물일 때 주격, 목적격으로 쓰임

I don't like snakes.

나는 뱀들을 좋아하지 않는다.

They look crafty.

그들은 교활하게 보인다.

I don't like snakes which look crafty.

나는 교활하게 보이는 뱀들을 좋아하지 않는다.

→ 관계 대명사 which 이하가 형용사절이 되어 선행사(명사) snakes를 수식합니다. which가 접속사의 역할과 종속절의 주격(they)을 포함하고 있습니다.

I grow roses.

나는 장미를 기른다.

My children love those.

나의 자녀들은 장미꽃을 사랑한다.

I grow roses which my children love.

나는 나의 자녀들이 사랑하는 장미를 기른다.

→ 관계 대명사 which 이하가 형용사절이 되어 선행사(명사) roses를 수식하고 있습니다. which가 접속사의 역할과 종속절의 목적격 those를 포함하고 있습니다.

관계 대명사 whose : 선행사가 동물, 사물일 때 소유격으로 쓰임

I raise a rabbit.

나는 토끼를 기른다.

Its eyes are beautiful.

토끼의 눈들은 아름답다.

I raise a rabbit whose eyes are beautiful.

나는 눈이 예쁜 토끼를 기르고 있다.

→ 관계 대명사 whose 이하가 형용사절이 되어 선행사(명사) rabbit을 수식합니다. whose가 접속사의 역할과 종속절의 주격(Its eyes)을 포함합니다.

I have a book.

나는 책을 가지고 있다.

Its cover(소유격) is red.

그 책의 표지는 빨간색이다.

I have a book whose cover is red.

나는 표지가 빨간색인 책을 한 권 가지고 있다.

→ 관계 대명사 whose 이하가 형용사절이 되어 선행사(명사) book을 수식합니다. whose가 접속사의 역할과 종속절의 주격(Its cover)을 포함합니다.

관계 대명사 that : 선행사가 사람, 동물, 사물일 때 주격과 목적격으로 쓰임

• 사람

I like the girl.

나는 그 소녀를 좋아한다.

She always smiles.

그녀는 항상 미소 짓는다.

I like the gilrl that always smiles.

나는 항상 미소 짓는 그 소녀를 좋아한다.

→ 관계 대명사 that 이하가 형용사절이 되어 선행사(명사) girl을 수식하고 있습니다. that이 접속사의 역할과 종속절의 주격(She)을 포함합니다.

He is a teacher.

그는 선생님이다.

I respect him.

나는 그를 존경한다.

He is a teacher that I respect.

그는 내가 존경하는 선생님이다.

→ 관계 대명사 that 이하가 형용사절이 되어 선행사(명사) teacher를 수식하고 있습니다. that이 접속사의 역할과 종속절의 목적격(him)을 포함합니다.

- 동물

I have many dogs.

나는 많은 개를 가지고 있다.

They run so fast.

그개들은 빨리 달린다.

I have many dogs that run so fast.

나는 매우 빨리 달리는 개들을 가지고 있다.

→ 관계 대명사 that 이하가 형용사절이 되어 선행사(명사) dogs을 수식하고 있습니다. that이 접속사의 역할과 종속절의 주격(They)을 포함합니다.

She raises chickens.

그녀는 닭들을 기른다.

She bought those at the market.

그녀는 닭들을 시장에서 샀다.

She raises chicken that she bought at the market.

그녀는 시장에서 산 닭들을 기른다.

→ 관계 대명사 that 이하가 형용사절이 되어 선행사(명사) chicken을 수식하고 있습니다. that이 접속사의 역할과 종속절의 목적격(those)을 포함합니다.

• 사물

This is my car.

이것은 내 자동차다.

It has seven seats.

나의 자동차는 5 개의 좌석이 있다.

This is my car that has seven seats.

이것이 5 개의 좌석을 가진 내 자동차다.

→ 관계 대명사 that 이하가 형용사절이 되어 선행사(명사) car를 수식하고 있습니다. that이 접속사의 역할과 종속절의 주격(it)을 포함합니다.

I lost the bag.

나는 그 가방을 분실했다.

I bought it three years ago.

나는 그 가방을 3 년 전에 샀다.

I lost the bag that I bought three years ago.

나는 3 년 전에 산 가방을 분실했다.

→ 관계 대명사 that 이하가 형용사절이 되어 선행사(명사) bag을 수식하고 있습니다. that이 접속사의 역할과 종속절의 목적격(it)을 포함합니다.

관계 대명사 what : 관계 대명사 that과 선행사(명사)를 포함

This is the book.

이것이 그 책이다.

He wants it.

그는 그 책을 원한다.

This is the book that he wants.

이것이 그가 원하는 책이다.

→ 관계 대명사 that이 두 문장을 하나로 연결했습니다.

This is what he wants.

이것이 그가 원하는 것이다.

→ 관계 대명사 what이 관계 대명사 that과 선행사 book을 포함하고 있습니다.

I have video games.

나는 비디오 게임을 가지고 있다.

My brother likes those.

내 동생은 그것들을 좋아한다.

I have video games that my brother likes.

나는 내 동생이 좋아하는 비디오 게임을 가지고 있다.

→ 관계 대명사 that이 두 문장을 하나로 연결했습니다.

I have what my brother likes.

나는 내 동생이 좋아하는 것을 가지고 있다.

→ 관계 대명사 what이 관계 대명사 that과 선행사 video games을 포함하고 있습니다.

d. 형용사절을 이끄는 관계 부사

where(장소), when(시간), why(이유), how(방법) 절과 절을 이어 줍니다. 관계 대명사와 다른 점은 격 변화가 없다는 것입니다. 관계 부사에 이끌리는 형용사절은 주어 + 동사의 형태를 취하며 선행사를 수식합니다.

where : 선행사가 장소

This is the house.

이것이 그 집이다.

I live in the house.

나는 그 집에서 산다.

This is the house where I live.

이곳이 내가 살고 있는 집이다.

→ 관계 부사 where이 이끄는 형용사절이 명사(선행사) house 수식

when : 선행사가 시간, 때

I remember the day.

나는 그날을 기억한다.

He left Seoul on the day.

그는 그날 서울을 떠났다.

I remember the day when he left Seoul.

나는 그가 서울을 떠난 그날을 기억한다.

→ 관계 부사 when이 이끄는형용사절이 명사(선행사) day를 수식

why : 선행사가 이유

I don't know the reason.

나는 그 이유를 모른다.

She quit the job for the reason.

그녀는 직장을 그만뒀다.

I don't know the reason why she quit the job.

나는 그녀가 왜 직장을 그만뒀는지 모른다.

→ 관계 부사 why가 이끄는 형용사절이 명사(선행사) reason을 수식

how : 선행사가 방법

This is the way.

이것이 그 방법이다.

She makes coffee this way.

그녀는 이 방법으로 커피를 만든다.

This is the way how she makes coffee.

이것이 그녀가 커피를 만드는 방법이다.

→ 관계 부사 how가 이끄는 형용사절이 명사(선행사) way 수식

12. 감탄사

감탄사는 기쁨, 놀람, 슬픔 등 사람의 감정을 나타내는 품사입니다.

감탄사의 종류 : oh, bravo, alas, wow 등

Bravo, we won the game! 장하다, 우리 편이 이겼다!

Wow, that tree is so beautiful! 와, 저 나무는 정말 예쁘구나!

Alas, the Lord forsake us. 슬프도다, 신이 우리를 버리시는 도다.

미국인의 일상생활에서는 감탄문은 자주 쓰이는 문장입니다. 감탄문 만드는 방법은 간단하므로 공식처럼 외워서 사용하면 됩니다. 감탄문은 how 또는 what으로 시작됩니다.

평서문을 감탄문으로 바꾸는 방법 2 가지는 다음과 같습니다.

(1) how로 시작되는 감탄문의 어순

How + 형용사 + 주어 + 동사

평서문 : He is very brave. 그는 매우 용감하다.

감탄문 : How brave he is! 그는 얼마나 용감한가!

→ 평서문의 very를 how로 바꾸어 줌.

The sky is so beautiful. 하늘이 매우 아름답다.

How beautiful the sky is! 하늘이 얼마나 아름다운지!

→ 평서문의 so를 how로 바꾸어 줌.

(2) what으로 시작되는 감탄문의 어순

What + 형용사 + 명사 + 주어 + 동사

평서문 : He is a very brave man. 그는 매우 용감한 사람이다.

감탄문 : What a brave man he is! 그는 얼마나 용감한 사람인가!

→ 평서문의 very를 what으로 바꾸어 줌.

평서문 : These are so breautiful flowers. 이것들은 매우 아름다운 꽃들입니다.

감탄문 : What beautiful flowers these are! 이것들은 얼마나 아름다운 꽃들인가!

→ 평서문의 so를 what으로 바꾸어 줌.

13. 조동사

조동사는 말 그대로 본동사 앞에서 본동사의 뜻을 도와주는 역할을 합니다.
조동사는 문장의 맨 앞에 나와 의문문을 만들거나 not과 결합하여 부정문을 만들기도 합니다.

조동사의 종류 : do, can, must(have to), may, would, should, could, might, will 등

(1) do의 역할

평서문을 의문문과 부정문으로 만드는 데 사용합니다.

평서문	I love you.	나는 당신을 사랑합니다.
의문문	Do I love you?	제가 당신을 사랑한다고요?
부정문	I do not love you.	나는 당신을 사랑하지 않습니다.

(2) can의 역할

'할 수 있다'라는 뜻으로 능력, 가능성 등을 나타냅니다.

I can finish the job by tomorrow.	나는 내일까지 그 일을 끝낼 수 있습니다.
Can you call me tonight?	오늘 밤 나에게 전화해 주시겠어요?
He can speak English.	그는 영어를 말할 수 있다.

can을 미래형과 과거형으로 사용하기 위해서는 be able to로 바꾸어 사용합니다.

I am able to make it.	나는 그것을 만들 수 있다. (현재형)
I was able to make it.	나는 그것을 만들 수 있었다. (과거형)
I will be able to make it.	나는 그것을 만들 수 있을 것이다. (미래형)

can't는 '……일 리가 없다, ……할 수가 없다'는 의미입니다.

It can't be true.	그것은 사실일 리가 없다.
He can't stop it.	그는 그것을 멈출 수가 없다.

(3) could의 역할

can의 과거로서 '……할 수 있었다'는 의미입니다.

I could help him.	나는 그를 도울 수 있었다.
I could not buy the car.	나는 그 차를 살 수 없었다.

can의 과거라기보다는 독립된 조동사로 '……하여 주시겠습니까?(정중한 부탁으로 쓰임)'의 의미입니다.

Could you get me the book?	그 책 좀 가져다주시겠어요?
Could you tell me where the post office is?	우체국이 어디 있는지 말해 주시겠어요?

(4) may의 역할

'……일(할)지도 모른다(추측), ……해도 좋다(허가)'라는 의미입니다.

The rumor may be true. 그 소문은 사실일지도 모른다.
He may pass the examination. 그는 시험에 합격할지도 모른다.
You may go. 당신은 가도 좋다.

may not은 '……해서는 안 된다, ……아닐지도 모른다'는 의미입니다.

You may not stay here. 당신은 여기에 있어서는 안 됩니다.(가벼운 거절)
It may not rain. 비가 오지 않을지도 모른다.

might는 may의 과거형이지만 현재형 may와 거의 같은 뜻으로 사용됩니다.

They might win the game. 그들은 그 시합를 이길지도 모른다.
She might come to the party. 그녀는 파티에 올지도 모른다.

(5) must의 역할

'……하지 않으면 안 된다(의무), ……임에 틀림없다(강한 추측)'의 의미입니다.

We must help him. 우리는 그를 돕지 않으면 안 된다.
She must clean the room. 그녀는 방을 청소하지 않으면 안 된다.
He must know the fact. 그는 사실을 알고 있음에 틀림없다.
He must be a singer. 그는 가수임에 틀림없다.

must의 현재형은 have to, 과거형은 had to, 미래형은 will have to로 사용합니다.

You have to speak the truth. 당신은 진실을 말하지 않으면 안 된다. (현재)
You had to speak the truth. 당신은 진실을 말하지 않으면 안 되었다. (과거)

You will have to speak the truth.　당신은 진실을 말하지 않으면 안 될 것이다. (미래)

must not은 '……해서는 안 된다(may의 부정), ……이 아님에 틀림없다'의 의미입니다.

You must not lie to me.　당신은 나에게 거짓말해서는 안 됩니다.
You must not smoke here.　당신은 담배를 피워서는 안 됩니다.
He must not be rich.　그는 부자가 아님에 틀림없다.

(6) will의 역할

'……할 것이다(말하는 사람의 의지와 생각을 나타냄)'의 의미입니다.

I will work hard.　나는 열심히 일할 것이다.
He will go abroad.　그는 외국으로 갈 것이다.
She will not call me.　그녀는 나에게 전화하지 않을 것이다.

will은 '……하여 주시겠습니까?(상대방의 의지를 물어볼 때 사용됨)'라는 의미도 있습니다.

Will you come back please?　돌아와 주시겠어요?
Will you wait for me here?　여기서 나를 기다려 주시겠어요?

(7) would의 역할

will의 과거라기보다는 독립된 조동사로서 폭넓게 사용됩니다.

……할 것이다(말하는 사람의 의지와 결심을 나타냄)

I would try it. 나는 그것을 시도해 볼 것이다.

She would cook the fish. 그녀는 생선을 요리할 것이다.

I would do anything for you. 나는 당신을 위해서는 무엇이든 할 것이다.

……하려고 했다(과거의 의지 또는 주장을 나타냄)

I would study French. 나는 불어를 공부하려고 했다.

He would marry her. 그는 그녀와 결혼하려고 했다.

……하고 싶다(조심스러운 희망)

I would stay here. 나는 여기 머무르고 싶다.

She would become a singer. 그녀는 가수가 되고 싶어 한다.

……하곤 했다(과거의 반복적인 습관, 습성)

He would drink after work. 그는 퇴근 후 종종 술을 마시곤 했다.

They would play soccer game when they were young.

그들은 어렸을 때 축구를 하곤 했다.

……하여 주시겠습니까?(의문문으로 매우 정중한 부탁 또는 의뢰)

Would you tell me what happened? 무슨 일이 있었는지 말해 주시겠어요?

Would you step aside? 잠깐 비켜 주시겠어요?

부정문 : 강한 거절. ……하지 않을 것이다

I wouldn't see him. 나는 그를 만나지 않을 것이다.

He wouldn't work here any more. 그는 여기서 더 이상 일하지 않을 것이다.

(8) should의 역할

shall의 과거라기보다는 독립된 조동사로 사용됩니다.

……하는 것이 당연하다, ……해야 한다(의무, 당연)

You should love your parents. 너는 부모님을 사랑해야 할 것이다.

You should listen to his advice. 당신은 그의 충고를 들어야 할 것이다.

We should respect the elders. 우리는 노인들을 존경해야 한다.

……임에 틀림없다

He should be Mr Brown. 그 사람은 브라운 씨임에 틀림없다.

The plane should arrive on time. 비행기는 정시에 도착할 것이다.

……하겠다, ……하고 싶다(말하는 사람의 의지)

I should succeed in America. 나는 미국에서 성공하겠다.

I should exercise every day. 나는 매일 운동하겠다.

……해서는 안 된다(강한 부정)

You shouldn't break the law. 당신은 법을 어겨서는 안 됩니다.

You shouldn't come here. 당신은 여기 와서는 안 됩니다.

You shouldn't tell lies. 당신은 거짓말을 해서는 안 된다.

다음은 조동사는 아니지만 본동사 앞에서 조동사 구실을 하는 관용어구들입니다.

used to (do) : ……하곤 했다(과거의 습관)

She used to walk every morning. 그녀는 매일 아침 걷곤 했다.

I used to play with my cousins. 나는 사촌들과 놀곤 했다.

be + going to (do) : ……할 작정이다(가까운 미래)

I am going to move to LA.	나는 LA로 이사 갈 작정이다.
She is going to marry him soon.	그녀는 그와 곧 결혼할 작정이다.
Is he going to leave here?	그는 여기를 떠날 작정입니까?

be + to (do) : ……하기로 되어 있다(예정)

I am to attend the meeting.	나는 회의에 참석하기로 되어 있다.
He is to join the army.	그는 곧 군에 입대하기로 되어 있다.
She is to enter the college.	그녀는 대학에 입학하기로 되어 있다.

be + about to (do) : 막 ……하려는 참이다

We are about to leave.	우리는 막 떠나려는 참이다.
I was about to call you.	너에게 지금 전화하려는 참이었다.

14. 구(phrase)와 절(clause)

구와 절은 다른 말로 품사 상당어구라고 합니다. 구와 절은 문장에서 품사 역할을 합니다.

구는 두 개 이상의 단어가 모여 하나의 품사 역할을 합니다.

구의 종류에는 전명구와 부정사 두 가지가 있습니다.

- 전명구 : 전치사 + 명사(대명사)의 형태로 형용사, 부사 구실
  10. 전치사 편 참조
- 부정사 : to + do(동사의 원형)의 형태로 명사, 형용사, 부사 구실
  7. 동사 편 참조

절은 두 개 이상의 단어가 모여 주어 + 동사의 형태를 갖춘 후 하나의 품사 역할을 합니다. (11. 접속사 편 참조)

절의 종류에는 명사절(명사 역할), 형용사절(형용사 역할), 부사절(부사 역할) 세 가지가 있습니다.

- 명사절을 이끄는 종속 접속사 : that, if(whether)
- 부사절을 이끄는 종속 접속사 : when, as, before, till, while, since, after 등
- 형용사절을 이끄는 관계사 : 관계 대명사, 관계 부사

구와 절은 하나의 품사 역할을 하는데 문장에서 구와 절의 역할과 위치는 다음과 같습니다.

- 명사 = 명사구 = 명사절(같은 역할, 같은 위치)
  : 문장에서 주어, 보어, 목적어 역할을 함

- 형용사 = 형용사구 = 형용사절(같은 역할, 같은 위치)
  : 문장에서 명사를 앞뒤에서 수식함
- 부사 = 부사구 = 부사절(같은 역할, 같은 위치)
  : 문장에서 동사, 형용사, 다른 부사를 수식함

영어를 능숙하게 구사하기 위해서는 구와 절을 사용하여 필요한 품사를 만들어 사용할 줄 알아야 합니다.

15. 시제

영어에는 12 시제가 있습니다.

기본시제 3 가지 형태

- 현재 : 동사의 원형
- 과거 : 동사의 과거형
- 미래 : will + 동사의 원형

현재	He works.	그는 일한다.
과거	He worked.	그는 일했다.
미래	He will work.	그는 일할 것이다.

완료형 시제 3 가지 형태

- 현재완료 : have, has + 과거분사
- 과거완료 : had + 과거분사
- 미래완료 : will have + 과거분사

현재완료	He has worked.	그는 일을 끝냈다. (완료에 중점)
과거완료	He had worked.	그는 일을 끝냈었다. (과거의 완료에 중점)
미래완료	He will have worked.	그는 일을 끝낼 것이다. (미래의 완료에 중점)

진행형 시제 3 가지 형태

- 현재 진행형 : am are is + 현재분사
- 과거진행형 : was were + 현재분사
- 미래진행형 : will be + 현재분사

현재 진행형	He is working.	그는 일하고 있다. (현재의 진행 상태)
과거 진행형	He was working.	그는 일하고 있었다. (과거의 진행 상태)
미래 진행형	He will be working.	그는 일하고 있을 것이다. (미래의 진행 상태)

완료 진행형 시제 3 가지 형태

- 현재완료 진행형 : have(has) been + 현재분사
- 과거완료 진행형 : had been + 현재분사
- 미래완료 진행형 : will(shall) have been + 현재분사

현재완료 진행형 He has been working.
그는 일을 해 오고 있다. (과거부터 지금까지)
과거완료 진행형 He had been working.
그는 일을 해 오고 있었다. (과거의 이전부터 과거까지)
미래완료 진행형 He will have been working.
그는 계속해서 일을 하고 있을 것이다. (과거 또는 현재부터 미래의 어느 순간까지 계속해서)

영어는 시제에 민감한 언어이며 시제가 달라지면 문장의 뜻도 달라집니다.
12 시제는 평서문에만 적용되는 것이 아니고 의문문과 부정문에도 똑같이 적용됩니다.
시제에 능숙해질수록 영어 실력이 향상됩니다.

16. 시제의 일치

두 개의 문장이 접속사로 연결될 때 그중 하나는 주절이고 나머지는 종속절이 됩니다.
주절 동사의 시제와 종속절 동사의 시제를 일치시켜야 올바른 영어(proper Englsih)가 되는데 그 공식은 다음과 같습니다.

(1) 주절의 동사가 현재, 현재완료, 미래면 종속절의 동사의 시제는 제한이 없습니다

주절	종속절(that 절) 시제에 제한이 없음	시제
They say(have said, will say)	that she plays the piano well.	현재
	that she played the piano well.	과거
	that she will play the piano well.	미래
	that she has played the piano well.	현재완료
	that she had played the piano well.	과거완료

(2) 주절의 동사가 과거면 종속절의 동사의 시제는 과거, 과거 미래, 과거완료가 됩니다

주절	종속절(that 절)	시제
They said	that she played the piano well.	과거
	that she would play the piano well.	과거 미래
	that she had played the piano well.	과거완료

(3) 시제의 일치에 대한 예외

일반적 진리

We learned that the earth is round.

우리는 지구는 둥글다고 배웠다.

현재의 습관

He said that he plays tennis weekends.

그는 주말에는 테니스를 친다고 말했다.

17. 문형(sentence pattern)

(1) 주어 + 완전 자동사

People work.	사람들은 일한다.
Birds sing	새들이 지저귄다.
The sun rises	해가 떠오른다.
God is.	신은 존재한다.

완전 자동사는 문장의 1 형식을 만들며 주어가 될 수 있는 명사 및 그 상당어구와 결합하여 완전한 문장을 만듭니다. 다른 요소는 필요하지 않으며 가장 간단하면서도 매우 중요한 영어문장의 기본이 됩니다.

(2) 주어 + 불완전 자동사 + 명사(주격보어)

This is my book.	이것은 내 책이다.
She became a teacher.	그녀는 선생님이 되었다.

불완전 자동사는 문장의 2 형식을 만들며 이 문형은 주격보어를 필요로 합니다.
주격보어는 명사, 형용사 및 그 상당어구가 되며 be 동사는 대표적인 불완전 자동사입니다.
이 문형의 주격보어는 명사입니다.

문장의 2 형식을 만드는 불완전 자동사는 be, look, sound, smell, become, taste, get, grow, go, come, remain, turn, stay, appear 등이 있으며 현재분사, 과거분사도 형용사 상당어구이므로 불완전 자동사의 주격보어가 됩니다.

(3) 주어 + 불완전 자동사 + 형용사(주격보어)

He is smart. 그는 영리하다

Everybody gets old. 모두가 늙어 간다.

The food smells good. 그 음식은 좋은 냄새가 난다.

→ 이 문형의 불완전 자동사는 is, get, smell이며 주격보어는 형용사입니다.

(4) 주어 + 불완전 자동사 + 과거분사(주격보어)

They look bored. 그들은 지루해 보인다.

He seems surprised. 그는 놀라 보인다.

→ 이 문형의 불완전 자동사는 look, seem이며 주격보어는 과거분사입니다.

(5) 주어 + 불완전 자동사 + 현재분사(주격보어)

He came running. 그는 달려서 왔다.

The music sounds amazing. 그 음악은 훌륭하게 들린다.

→ 이 문형의 불완전 자동사는 come, sound이며 주격보어는 현재분사입니다.

(6) 주어 + 완전 타동사 + 명사(목적어)

She buys apples. 그녀는 사과를 산다.

They learn English 그들은 영어를 배운다.

완전 타동사는 문장의 3 형식을 만들며 동사의 동작의 대상이 되는 목적어를 필요로 합니다.

완전 타동사의 목적어는 명사 및 대명사와 to 부정사, 동명사, that 절, 명사구(wh + to + do), wh 절이 있습니다. 이 문형의 완전 타동사의 목적어는 명사입니다.

(7) 주어 + 완전 타동사 + 대명사(목적어)

I want those.	나는 저것들을 원한다.
People respect him.	사람들은 그를 존경합니다.

이 문형의 완전 타동사의 목적어는 대명사입니다.

대부분의 완전 타동사는 명사, 대명사를 목적어로 취합니다.

(8) 주어 + 완전 타동사 + to 부정사(목적어)

She wants to sing.	그녀는 노래 부르기를 바란다.
He decided to leave.	그는 떠나기로 결심했다.

이 문형의 완전 타동사의 목적어는 to 부정사입니다.

부정사만을 목적어로 취하는 타동사 : want, wish, hope, desire, choose, expect, refuse, decide 등

(9) 주어 + 완전 타동사 + 동명사(목적어)

He finished reading.	그는 책 읽기를 끝냈다.

I will enjoy walking. 나는 산책을 즐길 것이다.

이 문형의 완전 타동사의 목적어는 동명사입니다.
동명사만을 목적어로 취하는 타동사 : enjoy, stop, finish, mind, admit, give up 등

부정사와 동명사를 둘다 목적어로 취할 수 있는 완전 타동사는 like, love, start, begin, continue, regret 등입니다.

I like to dance(dancing). 나는 춤추는 것을 좋아한다.
He started to work(working). 그는 일하기 시작했다.
She continues to smile(smiling). 그녀는 계속 미소 짓는다.

(10) 주어 + 완전 타동사 + that 절(목적어)

I think that he is a good man. 나는 그가 좋은 사람이라고 생각한다.
We know that she tells the truth. 우리는 그녀가 진실을 말한다는 것을 알고 있다.

이 문형의 완전 타동사의 목적어는 that 절입니다.
that 절을 목적어로 취하는 타동사 : say, expect, hear, promise, feel, decide, believe, hope 등

(11) 주어 + 완전 타동사 + wh 절(목적어)

He asked why I was late. 그는 왜 늦었는지 나에게 물어보았다.
I remember when they came back. 나는 그들이 언제 돌아왔는지 기억하고 있다.

이 문형의 완전 타동사의 목적어는 wh 절입니다.
wh절을 목적어로 취하는 타동사 : know, show, tell, imagine, forget, decide 등입니다.

(12) 주어 + 완전 타동사 + wh + to + do(목적어)

He knows what to do. 그는 무엇을 해야 할지 알고 있다.
I decided where to stay. 나는 어디서 머무를지 결정했다.

이 문형의 완전 타동사의 목적어는 wh + to + do(명사구)입니다.
wh + to + do(명사구)를 목적어로 취하는 완전 타동사 : forget, decide, learn, understand 등

(13) 주어 + 수여 동사 + 간접 목적어(사람) + 직접 목적어(사물)

She gives me the book. 그녀는 나에게 책을 준다.
I sent her the flowers. 나는 그녀에게 꽃을 보냈다.

수여 동사는 문장의 4 형식을 만들며 간접 목적어와 직접 목적어 2 개의 목적어를 취합니다.
앞에 오는 간접 목적어는 사람이며 뒤에 오는 직접 목적어는 사물을 나타내는 명사입니다.
직접 목적어는 명사뿐만 아니라 that 절, wh 절, 명사구(wh + to + do)도 될 수 있습니다.
이 문형의 수여 동사의 직접 목적어는 명사입니다.

대표적인 수여 동사들로는,
give, teach, tell, show, buy, pay, send, bring, ask, promise, offer, lend, write, sell, get, cook, cut, fix, recommend, read, make, deny 등이 있습니다.

간접 목적어와 직접 목적어의 위치를 바꾸면 수여 동사는 완전 타동사(3 형식)가 됩니다. 간접 목적어(명사) 앞에 전치사 to 또는 for를 붙여(전명구) 부사 역할을 합니다.

4 형식 문장	3 형식 문장
She teaches me English. 그녀는 나에게 영어를 가르친다.	She teaches English to me.
I sent him money. 나는 그에게 돈을 보냈다.	I sent money to him.
They offer me a job. 그들은 나에게 직장을 제안했다.	They offer a job to me.
He bought me a drink. 그는 나에게 음료수를 사 주었다.	He bought a drink for me.

(14) 주어 + 수여 동사 + 간접 목적어(사람) + that 절(직접 목적어)

He tells me that he did his best. 그는 최선을 다했다고 나에게 말한다.

I promise you that I will study English. 나는 영어를 공부할 것이라고 너에게 약속한다.

이 문형의 수여 동사의 직접 목적어는 that 절입니다.

이 문형에 자주 쓰이는 수여 동사 : tell, promise, show, teach 등

(15) 주어 + 수여 동사 + 간접 목적어(사람) + wh 절(직접 목적어)

I will tell you where she lives. 그녀가 어디 사는지 너에게 말해 주겠다.

She informed me when they would leave. 그녀는 그들이 언제 떠날지 나에게 알려 주었다.

이 문형의 수여 동사의 직접 목적어는 wh 절입니다.

이 문형에 자주 쓰이는 수여 동사 : tell, ask, show, inform, remind, advise 등

(16) 주어 + 수여 동사 + 간접 목적어(사람) + wh + to + do(직접 목적어)

I asked him when to start the work.	나는 그에게 언제 일을 시작할지 물어보았다.
She shows us how to make it.	그녀는 우리에게 그것을 만드는 방법을 보여준다.

이 문형의 수여 동사의 직접 목적어는 wh + to + do(명사구)입니다.

이 문형에 자주 쓰이는 수여 동사 : ask, show, tell, advise, inform, teach 등입니다.

(17) 주어 + 불완전 타동사 + 목적어 + 명사(목적보어)

People call it rose.	사람들은 그것을 장미라고 부른다.
We elected him chairman.	우리는 그를 의장으로 선출했다.

불완전 타동사는 문장의 5 형식을 만들며 목적어와 목적보어를 취합니다.

목적보어는 목적어를 수식하므로 목적어 = 목적보어 관계가 성립됩니다.

이 문형의 불완전 타동사의 목적보어는 명사입니다.

이 문형에 자주 쓰이는 불완전 타동사 : call, elected, choose 등

(18) 주어 + 불완전 타동사 + 목적어 + 대명사(목적보어)

I think him somebody.	나는 그를 대단한 사람이라고 생각한다.
They made it something useful.	그들은 그것을 유용한 물건으로 만들었다.

이 문형의 불완전 타동사의 목적보어는 대명사입니다.
이 문형에 자주 쓰이는 불완전 타동사 : call, elect, make, think 등

(19) 주어 + 불완전 타동사 + 목적어 + 형용사(목적보어)

She keeps the room clean.	그녀는 방을 깨끗한 상태로 유지한다.
The truth will set you free.	진리가 당신을 자유롭게 할 것이다.

이 문형의 불완전 타동사의 목적보어는 형용사입니다.
이 문형에 자주 쓰이는 불완전 타동사 : keep, make, find, set, leave 등

(20) 주어 + 불완전 타동사 + 목적어 + to 부정사(목적보어)

I want you to wait.	나는 당신이 기다려 주었으면 합니다.
He told me to leave.	그는 나에게 떠나라고 말했다.

이 문형의 불완전 타동사의 목적보어는 to 부정사입니다.
이 문형에서 자주 쓰이는 불완전 타동사 : want, tell, order, allow, ask, like, need, force, expect, encourage, advise 등

(21) 주어 + 불완전 타동사 + 목적어 + 현재분사(목적보어)

He keeps me waiting all the time. 그는 항상 나를 기다리게 한다.
We watched the children playing. 우리는 어린이들이 노는 것을 지켜보았다.

이 문형의 불완전 타동사의 목적보어는 현재분사입니다.
이 문형에서 자주 쓰이는 불완전 타동사 : see, hear, feel, keep, watch, notice, catch, smell, have, set, like 등

(22) 주어 + 불완전 타동사 + 목적어 + 과거분사(목적보어)

I got the job done. 나는 그 일을 끝나게 했다.
We found him injured. 우리는 그가 부상당한 것을 발견했다.

이 문형의 불완전 타동사의 목적보어는 과거분사입니다.
이 문형에서 자주 쓰이는 불완전 타동사 : want, get, have, find, make, hear 등

(23) 주어 + 불완전 타동사 + 목적어 + do(목적보어)

He let us go. 그는 우리들을 가게 했다.
The song made us cry. 그 노래는 우리를 울렸다.
She had me come to the party. 그녀는 나를 파티에 오게 했다.
I will help you find the job. 당신이 직장을 찾도록 내가 돕겠습니다.
We saw the sun rise. 우리는 태양이 뜨는 것을 보았다.
They hear him sing beautifully. 그들은 그가 아름답게 노래하는 것을 듣고 있다.
I felt somebody touch my shoulder. 나는 누군가 내 어깨를 만지는 것을 느꼈다.

이 문형의 불완전 타동사의 목적보어는 do(동사의 원형)입니다.

이 문형에 쓰이는 불완전 타동사 : let, make, have, see, hear, feel, help 등

(24) 주어 + 불완전 타동사 + 목적어 + as(+ 명사, 형용사 및 그 상당어구) (목적보어)

He counts me as one of his friends. 그는 나를 그의 친구 중의 하나로 여긴다.

We chose him as our leader. 우리는 그를 지도자로 선출했다.

이 문형의 불완전 타동사의 목적보어는 as(+ 명사, 형용사와 그 상당어구)입니다.

이 문형에서 자주 쓰이는 불완전 타동사 : count, choose, describe, regard 등

영어 공부는 문형 공부라고 말할 수 있습니다.
문형에 숙달할수록 유창한 영어를 구사하게 됩니다.

제2 장

동사 편

이 챕터에 소개된 필수 동사 97 개는 다음과 같습니다.

A : add allow arrive ask

B : become begin believe break buy

C : call carry catch change close come cut

D : decide die do

E : eat expect

F : fall feel fill find finish follow

G : get give go grow

H : happen have hear help hold hurt

I : include

K : keep kill know

L : learn leave let like live look lose love

M : make mean meet move

N : need

O : offer open

P : pay play promise put

R : read remember return run

S : say see seem send serve set show sit sleep speak spend stand start stay stop suggest

T : take talk tell think travel try turn

U : understand use

W : wait walk want wash watch win work write

add-added-added

완전 타동사 : ……을 더하다, ……을 가산하다, ……을 추가하다

The company adds twenty jobs every year.
그 회사는 매년 20 개의 일자리를 추가한다.

She added three more books.
그녀는 책 3 권을 추가했다.

He added his words a little later.
그는 조금 후에 몇 마디 말을 더했다.

I will add your name to the list.
당신의 이름을 목록에 올리겠습니다.

Can you add sugar to my coffee please?
내 커피에 설탕을 좀 더 넣어 주시겠어요?

He added a small room to his house.
그는 그의 집에 조그마한 방을 증축했다.

Sugar was added to my coffee. (수동태)
설탕이 나의 커피에 더해졌다.

Your name will be added to the list. (수동태)
당산의 이름은 리스트에 추가될 것이다.

완전 자동사 : 증가하다, 늘어나다

People add every day.

인구는 매일 늘어납니다.

Small problems add easily.

작은 문제들은 쉽게 늘어납니다.

읽어 보기

전쟁에 나가는 용사라면 누구나 개인 병기가 필요하듯이 영어를 배우는 사람들은 반드시 다음 3 가지를 준비해야 합니다.

1. 사전

두툼하면서 오랫동안 명성 있는 사전을 구입합니다. 좋은 사전의 기능은 단순히 단어의 뜻만 제공하는 것이 아니고 문법, 발음 등 영어 공부에 필요한 모든 것을 제공합니다.
특히 단어의 뜻은 종이 사전을 통해서 공부해야 합니다. 동사의 문형표(sentence pattern)는 영어공부에 매우 중요하므로 문형표가 있는 사전을 구입해야 합니다. 좋은 사전이야말로 최고의 영어 선생님이며 사전만으로도 영어에 능통해질 수 있습니다.

2. 문법책

중학교 수준의 기초 문법책을 구입합니다. 기초 문법을 반복할 때마다 영어 실력이 향상되며 최고급 수준의 영어까지 구사할 수 있게 됩니다.
문법책을 반복해서 읽다 보면 영문법의 상호 유기적 관계와 영문법 전체를 한꺼번에 이해하게 되고 영문법이 머릿속에 각인됩니다. 기초 문법이 머릿속에 각인되면 영어가 쉬워지고 자신감이 생깁니다.

3. 스마트폰

스마트폰은 영어공부에 필수적이며 매우 유용한 도구입니다.
스마트폰에 사전과 번역기, 영어학습에 필요한 web들을 탑재한 후 수시로 활용하십시오.
스마트폰의 YouTube를 통해서 한국인, 미국인 선생님들의 영어학습 방법과 영어공부에 필요한 많은 정보들을 취득할 수 있습니다.
YoutTube에서는 음성(audio)과 글자(text)가 동시에 제공되는 단편과 장편 소설들이 많이 제공되므로 이러한 것들을 최대한 활용하여 독해력뿐만 아니라 원어민 발음과 억양을 배울 수 있습니다.

allow-allowed-allowed

완전 타동사 : ……을 허락하다, ……을 허가하다, ……을 인정하다

I allow my dog in my bedroom.

나는 나의 개를 내 방에 들어오게 한다.

The airline allows one bag per person.

그 항공기 회사는 승객 일 인당 가방 한 개를 허용합니다.

The park allows concerts.

그 공원은 연주회를 허용합니다.

She allows that I am right.

그녀는 내가 옳았다는 것을 인정합니다.

I allow that they worked hard.

나는 그들이 열심히 일했다는 것을 인정합니다.

불완전 타동사 : ……에게(이) ……하도록(하는 것을) 허락하다

She allows her children to watch TV sometimes.

그녀는 자녀들에게 가끔 TV를 보게 한다.

My father allows me to drive his car.

나의 아버지는 내가 그의 차를 운전하는 것을 허용한다.

Please allow me to introduce my friend to you.

나의 친구를 당신에게 소개하도록 해 주세요.

The visa allows you to enter the country.
그 비자는 당신이 그 나라에 입국하는 것을 허락합니다.

Children are not allowed to run inside. (수동태)
어린이들은 실내에서 뛰는 것이 허락되지 않습니다.

I am allowed to use his computer. (수동태)
나는 그의 컴퓨터를 사용하는 것이 허락됩니다.

Smoking is not allowed. (수동태)
흡연은 허락되지 않습니다.

arrive-arrived-arrived

완전 자동사 : 도착하다, 닿다

People arrive.

사람들이 도착하고 있습니다.

The plane arrived.

비행기가 도착했습니다.

His letter will arrive soon.

그의 편지가 곧 도착할 것이다.

The train arrived two hours late.

그 기차는 두 시간 늦게 도착했다.

The merchandise will arrive by truck tomorrow.

상품은 내일 트럭으로 도착할 것이다.

The time for love has arrived.

사랑해야 할 때가 왔다.

We arrived at the airport finally.

우리는 드디어 공항에 도착했다.

She arrived in Seoul safely yesterday morning.

그녀는 어제 아침 안전하게 서울에 도착했다.

The police arrived on the spot.

경찰이 현장에 도착했다.

What time does the train arrive in New York?

그 기차는 몇 시에 뉴욕에 도착합니까?

읽어 보기

통신수단과 인터넷의 발달로 어학습득이 쉬워질 뿐만 아니라 어학습득에 필요한 다양한 방법들이 개발되고 있습니다. 이러한 변화는 옛날에는 3 년 걸려 배우던 것들이 이제는 3 개월이면 가능한 시대가 되었습니다. 이러한 방법들을 통해서 외국 생활 경험 없이도 짧은 기간에 원어민 수준의 영어를 구사할 수 있게 되었습니다.

특히 미국정부는 세계어가 되어 가고 있는 영어의 발전을 위해서 오랫동안 인적, 물적 투자를 계속하고 있으며 영어를 쉽고 빠르게 배울 수 있는 방법과 이론들을 끊임없이 개발하고 있습니다.

미국의 영문학자와 언어학자들은 성인이 된 외국인들(영어가 모국어가 아닌)이 영어를 가장 쉽고 빠르게 배우기 위해서는 반드시 기본 문법에 숙달할 것을 권유합니다.

영어를 유창하게 하기 위한 기본 영문법의 범위는 결코 넓지 않습니다. 영문법은 부분별로 따로따로 존재하는 것이 아니고 서로 유기적이고 상호 보완적인 관계를 가지고 있습니다.

이러한 특성상 기본 영문법을 하나의 덩어리로 묶어 이해하고 머릿속에 각인시키면 영어가 쉬워지고 자신감이 생기며 말하기, 듣기, 읽기, 쓰기 네 분야를 동시에 향상시킬 수 있습니다.

영어 실력이 어느 정도 향상된 뒤에도 기초 문법을 반복하다 보면 유창하고 훌륭한 영어를 구사하게 됩니다.

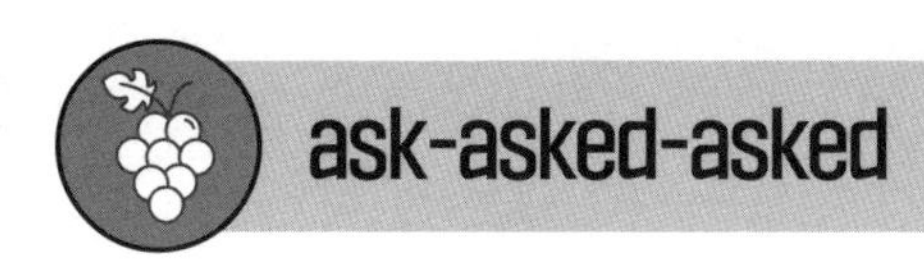

ask-asked-asked

완전 타동사 : ……을 묻다, ……에게 묻다

He asked my age.

그는 나의 나이를 물었습니다.

You can ask questions.

질문하셔도 좋습니다.

I asked the policeman.

나는 경찰에게 물어보았다.

She asked him about the accident.

그녀는 그에게 사고에 대해서 물어보았다.

He asked me for help.

그는 나에게 도움을 요청했다.

수여 동사 : ……에게 ……을 질문하다

She asked me something.

그녀는 나에게 뭔가를 물어보았다.

I will ask him when he got married.

나는 그가 언제 결혼했는지 물어볼 것이다.

We asked her what she did last night.

우리는 그녀가 지난밤 무엇을 했는지 물어보았다.

She asks me where I live.
그녀는 내가 어디 살고 있는지 물어본다.

I asked her why she was angry.
나는 그녀에게 왜 화가 났는지 물어보았다.

She asks me where to stay.
그녀는 나에게 어디에 머물지를 물어본다.

I asked him when to leave.
나는 그에게 언제 떠날지를 물어보았다.

I will ask her how to make coffee.
나는 그녀에게 커피 만드는 방법을 물어볼 것이다.

I was asked something(by her). (수동태)
나는 (그녀에 의해서) 질문 받았다.

Something was asked of me(by her). (수동태)
무언가 (그녀에 의해서) 나에게 질문되었다.

불완전 타동사 : ……에게 ……하도록 부탁하다

He asked me to come to his office.
그는 나에게 그의 사무실로 와 달라고 부탁했다.

My boss asks me to work harder.
사장님은 나에게 더 열심히 일할 것을 요구하신다.

Can I ask you to wait outside?
밖에서 기다려 주시겠어요?

I was asked to come to his office by him. (수동태)
나는 그에 의해서 그의 사무실로 오도록 요청되었다.

완전 자동사 : 묻다, 요청하다

He asks about my family.
그는 내 가족에 관해서 질문한다.

I asked for a glass of water.
나는 물 한 잔을 요청했다.

Why don't you ask around?
여기저기 좀 알아보지 그러세요?

You shouldn't ask.
질문해서는 안 됩니다.

읽어 보기

문형(sentence pattern)을 공부한 사람들은 ask가 불완전 타동사(문장의 5 형식)로 쓰이면 목적보어로 to 부정사가 사용된다는 걸 알고 있습니다.

He asked me to come.	그는 나에게 와 달라고 부탁했다. (me = to come)
I asked him to tell the truth.	나는 그에게 진실을 말하도록 부탁했다. (him = to tell)
We will ask her to stay here.	우리는 그녀에게 여기 머물도록 부탁할 것이다. (her = to stay)

ask처럼 불완전 타동사로 쓰이며 목적보어로 to 부정사를 취하는 같은 문형의 동사들은 allow, want, tell, need, expect, like, advise, order, require 등이 있습니다. 같은 문형을 가진 동사들은 한꺼번에 공부해 두면 큰 도움이 됩니다.

I allow you to use my car.	나는 당신이 내 차를 사용하는 것을 허락합니다.
I want you to call me.	나는 당신이 나에게 전화해 주기를 바랍니다.
I tell you to clean the room.	나는 당신이 그 방을 청소하길 부탁합니다.
I need you to save money.	나는 당신이 돈을 저축해 주었으면 합니다.
I expect you to come back.	나는 당신이 돌아올 것을 기대합니다.
I like you to sing.	나는 당신이 노래 부르는 것을 좋아합니다.
I advise you to drive carefully.	나는 당신이 조심스럽게 운전할 것을 조언합니다.
I order you to finish the job.	나는 당신이 그 일을 끝내도록 명령합니다.
I require you to report the accident.	나는 당신이 그 사건을 보고하길 요구합니다.

이 문장들을 부정문과 의문문 그리고 여러 시제로 능숙하게 바꾸어 사용할 수 있어야 합니다. **동시에 문형을 유지하면서 주어, 목적어, 목적보어만 바꾸어 주면 하고 싶은 말을 할 수 있게 됩니다.**

become-became-become

불완전 자동사 : ……이 되다

She became a doctor.

그녀는 의사가 되었다.

I will become a teacher next month.

나는 다음 달 선생님이 됩니다.

She became angry.

그녀는 화가 났다.

You will become rich someday.

당신은 언젠가 부자가 될 것입니다.

Everything becomes worse.

모든 것이 더 나빠진다.

The wind becomes strong.

바람이 점점 강해진다.

The weather becomes warm in May.

날씨는 5 월이 되면 따듯해진다.

We became bored.

우리는 지루해졌다.

He became excited.
그는 흥분되었다.

She became puzzled.
그녀는 당혹스러워졌다.

읽어 보기

문장의 2 형식을 만드는 대표적인 불완전 자동사들은 be, become, look, sound, smell, seem, feel, get, taste, turn, grow, remain, come, go 등입니다.

불완전 자동사의 주격보어는 명사, 형용사, 과거분사, 현재분사가 될 수 있습니다.

주어 + 불완전 자동사 + 주격보어(주어 = 주격보어)

She is an artist.	그녀는 예술가다. (artist : 명사 주격보어)
She is beautiful.	그녀는 아름답다. (beautiful : 형용사 주격보어)
She is confused.	그녀는 혼란스럽다. (confused : 과거분사 주격보어)
He became a teacher.	그는 선생님이 되었다. (teacher : 명사 주격보어)
He became puzzled.	그는 혼란스러워졌다. (puzzled : 과거분사 주격보어)
He looks smart.	그는 영리해 보인다. (smart : 형용사 주격보어)
He looks delighted.	그는 기뻐 보인다. (deighted : 과거분사 주격보어)
The game looks exciting.	그 경기는 흥미진진하게 보인다. (exciting : 현재분사 주격보어)
She feels good.	그녀는 기분 좋게 느낀다. (good : 형용사 주격보어)
She feels bored.	그녀는 지루하게 느낀다. (bored : 과거분사 주격보어)
He went blind.	그는 장님이 되었다. (blind : 형용사 주격보어)
They go armed.	그들은 무장한 채로 진군한다. (armed : 과거분사 주격보어)
He seems kind.	그는 친절한 것 같다. (kind : 형용사 주격보어)
He seems scared.	그는 겁먹어 보인다. (scared : 과거분사 주격보어)

The music sounds dull. 그 음악은 지루하게 들린다. (dull : 형용사 주격보어)

The music sounds amazing. 그 음악은 대단하게 들린다. (amazing : 현재분사 주격보어)

Everybody gets old. 누구나 나이를 먹는다. (old : 형용사 주격보어)

They got hurt. 그들은 부상 당했다. (hurt : 과거분사 주격보어)

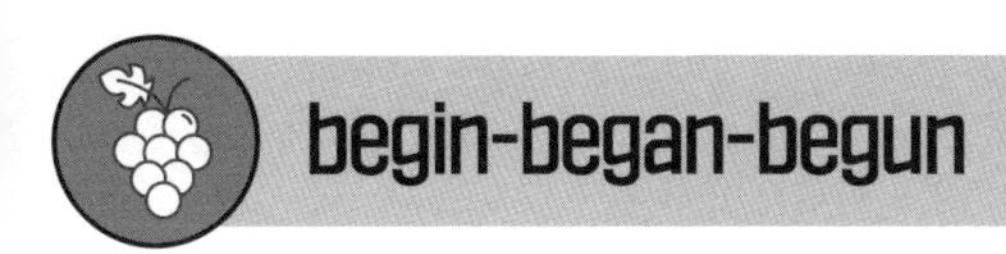

완전 타동사 : ……을 시작하다, ……에 착수하다

We will begin the work tomorrow.

우리는 내일 일을 시작할 것이다.

He begins his lecture.

그는 강의를 시작한다.

They began to study English.

그들은 영어공부를 시작했다.

She begins to cry.

그녀는 울기 시작한다.

He begins reading the book.

그는 책을 읽기 시작한다.

She began running.

그는 달리기를 시작했다.

완전 자동사 : 시작하다, 시작되다

The school begins tomorrow.

그 학교는 내일 시작한다.

The band began.

밴드가 시작됐다.

The show will begin at Carnegie Hall.

그 쇼는 카네기 홀에서 시작할 것이다.

The rain begins again.

비가 다시 오기 시작한다.

believe-believed-believed

완전 타동사 : ……을 믿다

We believe you.

우리는 당신을 믿습니다.

Do you believe her?

그녀를 믿으세요?

People believe that the earth is round.

사람들은 지구가 둥글다는 것을 믿습니다.

I believe that all men are created equal.

나는 모든 사람은 평등하게 창조되었다고 믿는다.

완전 자동사 : 신뢰하다, 믿다

I believe in the Lord.

나는 하나님을 믿습니다.

Children believe in Santa Claus.

어린이들은 산타클로스를 믿습니다.

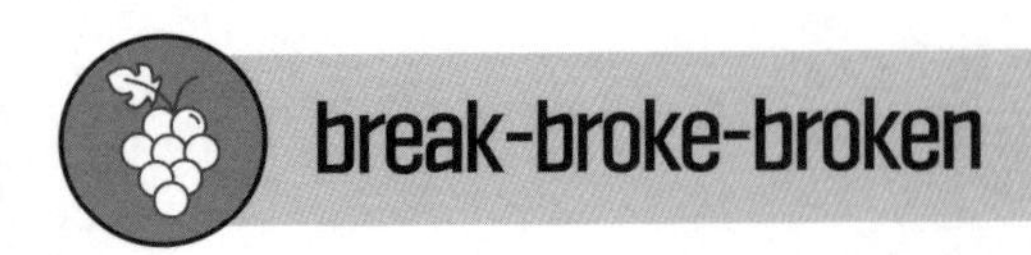

break-broke-broken

완전 타동사 : ……을 깨뜨리다, (약속, 법규 등을) 어기다

He broke the window.

그가 유리창을 깨뜨렸다.

Don't break your promise, please.

약속을 어기지 마세요.

He will break the world record.

그가 세계 기록을 깨뜨릴 것이다.

She broke my heart.

그녀가 나를 울렸다.

Don't break the laws.

법을 어기지 마세요.

The world record will be broken(by him). (수동태)

세계 기록이 (그에 의해서) 깨질 것이다.

The window was broken by him. (수동태)

유리창이 (그에 의해서) 깨졌다.

완전 자동사 : 깨지다, 고장 나다, 잠시 휴식을 취하다

This cup breaks easily.

이 잔은 쉽게 깨진다.

The TV broke.

그 TV가 고장 났다.

We break for lunch.

우리는 점심을 위해서 잠시 휴식한다.

읽어 보기

동사를 외울 때는 반드시 과거형과 과거분사형 그리고 현재분사형도 함께 외워야 합니다. 동사의 분사형은 여러 문법적 기능을 가지고 있을 뿐만 아니라 형용사로도 쓰이기 때문입니다.
현재분사형은 동명사와 같은 형태이며 부사로도 사용됩니다.

현재분사, 과거분사는 다음과 같은 문법적 기능을 가지고 있습니다.

1. 현재분사형은 be 동사와 함께 6 가지 진행형을 만듭니다(시제 편 참조)

He is making it. 그는 그것을 만들고 있다. (현재 진행형)
He has been making it. 그는 그것을 만들어 오고 있다. (현재완료 진행형)

2. 과거분사형은 have(has)와 함께 현재완료형, had와 함께 과거완료형, will have와 함께 미래완료형을 만듭니다(시제 편 참조)

He has made it. 그는 그것을 만들었다. (현재완료, 현재의 시점에 완료)
He had made it. 그는 그것을 만들었다. (과거완료, 과거의 시점에 완료)
He will have made it. 그는 그것을 만들 것이다. (미래완료, 미래의 시점에 완료)

3. 과거분사형은 be 동사와 결합하여 능동태 문장을 수동태 문장으로 만듭니다(동사 편 참조)

I make coffee. 나는 커피를 만든다. (능동태)
Coffee is made by me. 커피는 나에 의해서 만들어진다. (수동태)

4. 현재분사는 형용사이므로 명사를 수식합니다

running boys 달리고 있는 소년들 boring games 지루한 경기들 (명사 앞에서 수식)
The man standing at the gate 문 옆에 서 있는 남자 (부사구가 있으면 명사 뒤에서 수식)

5. 과거분사는 형용사이므로 명사를 수식합니다

married men 결혼한 사람들　　broken hearts 상처받은 마음들 (명사 앞에서 수식)
The bridges destroyed in the war 전쟁에서 파괴된 다리들 (부사구가 있으면 명사 뒤에서 수식)

6. 동명사는 명사로서 문장 안에서 주어, 목적어, 보어가 됩니다

Teaching is learning. 가르치는 것이 배우는 것이다.
(teaching = 주어, learning = 주격보어)
I like teaching. 나는 가르치는 것을 좋아한다.
(teaching = like의 목적어)

7. 현재분사형은 부사가 되어 동사를 수식합니다

He walks down the street looking at windows. 그는 창문을 바라보면서 거리를 걷는다.
→ looking(바라보면서)이 부사가 되어 동사 walk 수식
He bought a coffee thanking me. 그는 나에게 고마워하면서 커피를 사 주었다.
→ thanking(고마워하면서)이 부사가 되어 동사 bought 수식

buy-bought-bought

완전 타동사 : ……을 사다, ……을 구입하다

I bought a house.

나는 집을 구입했다.

Money can't buy happiness.

돈으로 행복을 살 수는 없다.

What did you buy?

무엇을 사셨습니까?

He bought a bag for his mother.

그는 어머니를 위해서 가방을 구입했다.

I will buy flowers for her.

나는 그녀를 위해서 꽃을 살 것이다.

He buys everything in cash.

그는 모든 것을 현금으로 구입한다.

The bag was bought for his mother(by him). (수동태)

가방은 그의 어머니를 위해서 구입되었다(그에 의해서).

Happiness can't be bought by money. (수동태)

행복은 돈에 의해서 구입될 수 없다.

수여 동사 : ……에게 ……을 사 주다

Dad bought me a bicycle.

아버지는 나에게 자동차를 사 주었다.

I will buy you a cup of coffee.

내가 커피 한 잔 사 드리겠습니다.

완전 타동사 : ……을 부르다, ……에게 전화하다, ……을 소집하다

I will call you tomorrow.

내일 전화하겠습니다.

She called me.

그녀가 나를 불렀다.

My boss called a meeting.

사장님이 회의를 소집했다.

수여 동사 : ……에게 ……을 불러 주다

Can you call me a taxi please?

나에게 택시를 불러 주시겠어요?

불완전 타동사 : ……을 ……라고 부르다

They call me Tom.

그들은 나를 Tom이라고 부릅니다.

We call this rose.

우리는 이것을 장미라고 부른다.

What do you call this?

이것을 무엇이라고 부르지요?

He is called Tom. (수동태)

그는 Tom이라고 불립니다.

This is called rose(by us). (수동태)

이것은 장미라고 불린다(우리들에 의해서).

완전 자동사 : 소리쳐 부르다, 전화를 하다

He calls out.

그는 외치고 있다.

Did somebody call?

누군가 전화했습니까?

읽어 보기

영어 동사는 완전 자동사(1 형식), 불완전 자동사(2 형식), 완전 타동사(3 형식), 수여 동사(4 형식), 불완전 타동사(5 형식) 5 가지로 분류됩니다. 이것이 문장의 5 형식을 결정하는데 대부분의 동사는 2 가지 이상을 겸합니다.
문장의 형식이 달라지면 동사의 뜻도 달라지므로 형식별로 그 뜻을 구별해서 외워야 합니다.

1. 동사 call

완전 자동사, 완전 타동사, 수여 동사, 불완전 타동사 4 가지를 겸하고 있습니다.

Somebody called.	1 형식(완전 자동사)	누군가가 불렀다.
They call me.	3 형식(완전 타동사)	그들은 나를 부른다.
He called me a taxi.	4 형식(수여 동사)	그는 나에게 택시를 불러 주었다.
We call him Jack.	5 형식(불완전 타동사)	우리는 그를 Jack이라고 부른다.

2. 동사 keep

불완전 자동사, 완전 타동사, 불완전 타동사 3 가지를 겸하고 있습니다.

They kept quiet.	2 형식(불완전 자동사)	그들은 침묵을 유지했다.
He keeps his promise.	3 형식(완전 타동사)	그는 약속을 지킨다.
She keeps food warm.	5 형식(불완전 타동사)	그녀는 음식을 따뜻하게 보관한다.

3. 동사 sell

완전 자동사, 완전 타동사, 수여 동사 3 가지를 겸하고 있습니다.

This book sells well.	1 형식(완전 자동사)	이 책은 잘 팔린다.
She sells flowers.	3 형식(완전 타동사)	그녀는 꽃을 판다.
He sold me his car.	4 형식(수여 동사)	그는 나에게 그의 자동차를 팔았다.

4. 동사 turn

완전 자동사, 불완전 자동사, 완전 타동사, 불완전 타동사 4 가지를 겸하고 있습니다.

Wheels turn.	1 형식(완전 자동사)	바퀴는 회전한다.
She turned pale.	2 형식(불완전 자동사)	그녀는 창백해졌다.
The car turns the corner.	3 형식(완전 타동사)	그 자동차는 모퉁이를 돌아간다.
His success turned him proud.	5 형식(불완전 타동사)	그의 성공은 그를 자랑스럽게 만들었다.

carry-carried-carried

완전 타동사 : ……을 옮기다, ……을 휴대하다, ……을 취급하다

I carried three boxes.

나는 3 개의 상자들을 옮겼다.

Would you carry my luggage?

나의 가방을 옮겨 주시겠어요?

Don't carry much cash.

많은 현금을 휴대하지 마십시오.

The police carry guns.

경찰은 권총을 휴대합니다.

The store carries many items.

그 가게는 많은 상품들을 취급하고 있습니다.

The bus carries 40 passengers.

그 버스는 40 명의 승객을 태웁니다.

Three boxes were carried by me. (수동태)

상자 3 개는 나에 의해서   겨졌다.

Guns are carried by police. (수동태)

권총은 경찰에 의해서 휴대된다.

catch-caught-caught

완전 타동사 : ……을 붙잡다, ……을 붙들다

Beauty catches the eyes.

미녀는 사람의 눈길을 붙든다.

Catch me if you can.

나를 잡을 수 있거든 잡아 보세요.

He caught many fish today.

그는 오늘 물고기를 많이 잡았다.

I should catch the first train.

나는 첫 번째 기차를 타야 합니다.

You have to catch the opportunity.

당신은 그 기회를 붙잡아야 합니다.

불완전 타동사 : ……이 ……하는 것을 붙잡다

I caught him stealing.

나는 그가 훔치는 것을 붙잡았다.

The cops catch the driver speeding up.

경찰은 운전자가 속도 내는 것을 붙잡는다.

He was caught stealing by me. (수동태)

그가 절도하는 것이 나에 의해서 붙잡혔다.

The driver was caught speeding up by the cops. (수동태)
그 운전자는 속도를 내다가 경찰에 의해 붙잡혔다.

완전 자동사 : 붙들려고 하다

A drowning man will catch at a straw.
물에 빠진 사람은 지푸라기라도 잡으려고 한다.

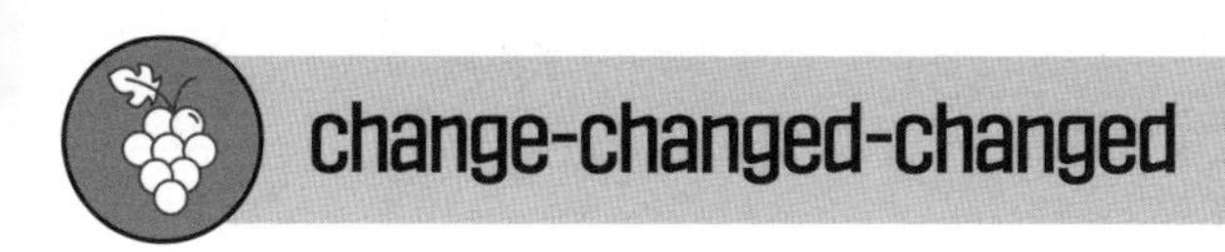

change-changed-changed

완전 타동사 : ……을 바꾸다, ……을 교환하다

She changes her job sometimes.

그녀는 때때로 직장을 바꿉니다.

Can we change the topic please?

화제를 바꿀까요?

If you change your mind, please let me know.

마음이 바뀌면 알려 주세요.

They changed the plan.

그들은 계획을 변경했다.

I will change the plane in New york.

나는 뉴욕에서 비행기를 갈아탈 것이다.

He changed his shirt for a new one.

그는 셔츠를 새것으로 갈아입었다.

Education will change your life.

교육은 당신의 인생을 바꿀 것이다.

The plan was changed by them. (수동태)

계획은 그들에 의해서 변경되었다.

Your life will be changed by education. (수동태)
당신의 인생은 교육에 의해서 바뀔 것이다.

완전 자동사 : 변하다, 바뀌다

The world changes.
세상은 바뀝니다.

The weather changes every day.
날씨가 매일 변합니다.

You didn't change at all.
당신은 전혀 변하지 않았군요.

읽어 보기

영어의 특징 중 하나는 '하나의 단어가 여러 개의 품사를 겸하고 있다'는 사실입니다. 이런 이유로 영어는 적은 단어 수만 가지고도 유창한 회화가 가능합니다. 단어는 품사별로 구별해서 그 뜻을 외워야 올바른 영어의 어순을 쉽게 만들 수 있습니다.

1. love

명사 : 사랑, 완전 타동사 : ……을 사랑하다

Love is beautiful. 사랑은 아름답다. (명사 : 사랑)

We love summer. 우리는 여름을 사랑한다. (완전 타동사 : ……을 사랑하다)

2. offer

명사 : 제안, 완전 타동사 : ……을 제안하다

He accepted my offer. 그는 나의 제안을 받아들였다. (명사 : 제안)

They offer a job to me. 그들은 나에게 직장을 제안한다. (완전 타동사 : ……을 제안하다)

3. free

완전 타동사 : ……을 해방하다, 형용사 : 한가한, 무료의, 부사 : 무료로, 자유롭게

He freed the slaves. 그는 노예들을 풀어 주었다. (완전 타동사 : ……을 해방하다)

I am free this afternoon. 나는 오후에는 한가합니다. (형용사 : 한가한, 무료의)

You can get it free. 당신들은 무료로 이것을 가질 수 있다. (부사 : 무료로, 자유롭게)

4. long

완전 자동사 : 간절히 바라다, 형용사 : 긴, 부사 : 오랫동안, 내내

People long for peace. 사람들은 평화를 갈망한다. (완전 자동사 : 간절히 바라다)

Art is long, life is short. 예술은 길고 인생은 짧다. (형용사 : 긴)

It rains all day long. 비가 온종일 내린다. (부사 : 오랫동안, 내내)

5. talk

명사 : 담화, 이야기, 완전 자동사 : 말하다, 완전 타동사 : ……을 논하다

We need talk. 이야기 좀 합시다. (명사 : 담화, 이야기)

Only human beings can talk. 오직 인간만이 말할 수 있다. (완전 자동사 : 말하다)

They always talk politics. 그들은 항상 정치를 논한다. (완전 타동사 : ……을 논하다)

6. low

형용사 : 낮은, 부사 : 낮게, 싸게

His income is low. 그의 소득은 낮다. (형용사 : 낮은)

He buys everything low. 그는 모든 것을 저렴하게 구입한다. (부사 : 낮게, 싸게)

close-closed-closed

완전 타동사 : ……을 닫다, ……을 끝내다

We close the store at 6 pm.

우리는 오후 6 시에 가게 문을 닫습니다.

Did you close the deal?

당신은 그 거래를 끝냈습니까?

Close your eyes, please.

눈을 감아 주세요.

He closed his speech.

그는 연설을 끝냈다.

I will close my bank account.

나는 은행 계좌를 종결할 것이다.

The deal was closed. (수동태)

그 거래는 종결됐습니다.

My bank account will be closed(by me). (수동태)

나의 은행 계좌는 닫힐 것이다(나에 의해서).

완전 자동사 : 닫히다, 폐쇄되다

The office closes at 5 pm every day.

그 사무실은 매일 오후 5 시에 닫힙니다.

The company will close next month.

그 회사는 다음 달 폐쇄됩니다.

The door closes easily.

그 문은 쉽게 닫힙니다.

come-came-come

완전 자동사 : 오다, 도착하다

They will come.

그들은 도착할 것이다.

When did you come?

언제 오셨습니까?

The package came.

물건이 도착했다.

The total comes to forty dollars.

총 40 불이 됩니다.

Can you come to the party tonight?

오늘 밤 파티에 오시겠어요?

We came to America three years ago.

우리는 3 년 전에 미국에 왔습니다.

They came from Korea.

그들은 한국에서 왔습니다.

Spring came late this year.

금년에는 봄이 늦게 왔습니다.

When the time comes, I will tell the truth.
때가 오면 진실을 말하겠다.

The sunshine came through the window.
햇볕이 창문을 통해 들어왔다.

불완전 자동사 : ……하면서 오다, ……한 상태로 오다

He came running.
그는 달려서 왔다.

They came back empty-handed.
그들은 빈손으로 돌아왔다.

cut-cut-cut

완전 타동사 : ……을 자르다, ……을 베다, ……을 삭감하다

She cuts the cloth.
그녀는 옷감을 자른다.

Can you cut the watermelon into four?
수박을 네 조각으로 잘라 주시겠어요?

The hairdresser cut my hair.
미용사가 나의 머리털을 잘랐다.

I cut the grass every week in the summer time.
나는 여름에는 매주 잔디를 자른다.

My boss cut the pay last month.
사장님은 지난달 급료를 삭감했다.

We must cut the cost of living.
우리는 생활비를 줄이지 않으면 안 된다.

My hair was cut by the hair dresser. (수동태)
내 머리털은 헤어드레서에 의해 잘렸다.

수여 동사 : ……에게 ……을 잘라 주다

She cut me a piece of pie.
그녀는 나에게 파이 한 조각을 잘라 주었다.

완전 자동사 : 베이다, (날이) 들다

This knife cuts well.
이 칼은 날이 잘 든다.

읽어 보기

영어공부는 능동태 평서문을 중심으로 하지만 실제 회화에서는 부정문과 의문문이 30 %씩 사용되며 능동태와 수동태의 사용 비율은 반반씩입니다.

유창한 영어를 위해서는 이미 알고 있는 평서문 문장을 부정문과 의문문으로 그리고 수동태로 즉시 바꾸어 사용할 수 있어야 합니다. 동시에 하나의 문장을 능동태의 12 시제와 수동태의 8 시제로도 능숙하게 말할 수 있어야 합니다.

1. 능동태

I teach English. 나는 영어를 가르친다. (평서문)

Do I teach English? 제가 영어를 가르칩니까? (의문문)

I don't teach English. 나는 영어를 가르치지 않는다. (부정문)

이 문장들을 12 시제로 만들어 보세요.

2. 수동태

English is taught by me. 영어는 나에 의해서 가르쳐진다. (평서문)

Is English taught by me? 영어는 나에 의해서 가르쳐집니까? (의문문)

English is not taught by me. 영어는 나에 의해서 가르쳐지지 않는다. (부정문)

이 문장들을 8 시제로 만들어 보세요.

앞의 설명에서 보듯이 'I teach English.'라는 능동태 평서문 문장 하나를 시제와 수동태를 사용하여 60 개의 다른 문장으로 만들 수 있습니다. 어떤 문장이든지 이렇게 바꾸어

사용할 수 있어야 회화가 가능합니다.

미국의 어린이들이 많은 단어를 알고 있지 않음에도 능숙한 영어가 가능한 이유는 이러한 기본 문법(문형)이 머릿속에 각인되어 있기 때문입니다.

이 책의 문법 편을 반복하십시오.
당신도 짧은 시간 내에 유창한 영어를 구사하게 됩니다.

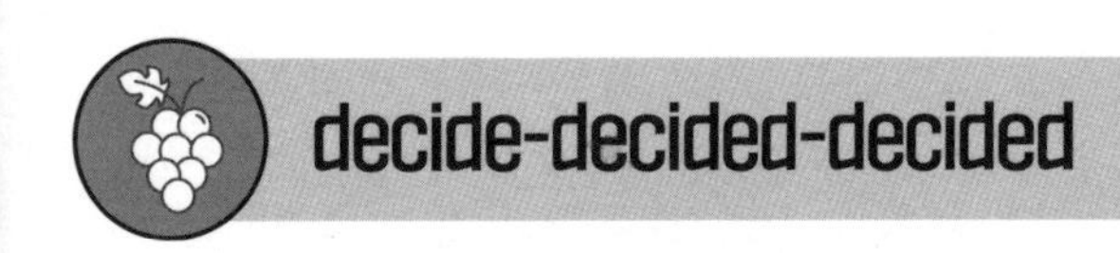

decide-decided-decided

완전 타동사 : ……을 결정하다, ……을 결심하다

Did you decide your wedding date?
당신의 결혼 날짜를 결정했습니까?

You should decide your own future.
당신이 당신 자신의 미래를 결정해야 합니다.

She decided to study English.
그녀는 영어를 공부하기로 결심했습니다.

I decided to marry her.
나는 그녀와 결혼하기로 결심했습니다.

He decided that he would become a doctor.
그는 의사가 되기로 결심했습니다.

I decided that I would study English.
나는 영어를 공부하기로 결심했습니다.

You should decide when you meet her.
당신은 언제 그녀를 만날지 결정해야 한다.

We decided where we would live.
우리는 어디서 살지 결정했다.

You have to decide what to do after graduation.
당신은 졸업 후 무엇을 할지 결정해야 한다.

She will decide which to buy.
그녀는 어느 것을 구입할지 결정할 것이다.

My future will be decided by me. (수동태)
내 미래는 나에 의해서 결정될 것이다.

My wedding date was decided. (수동태)
내 결혼 날짜가 결정됐습니다.

읽어 보기

완전 타동사(문장의 3 형식)의 목적어로 대부분 명사나 대명사를 사용합니다. 그러나 decide의 예문들에서 보듯이 decide는 목적어로 명사, 대명사 외에도 명사 상당어구인 부정사, that 절, what 절 그리고 명사구(wh + to + do)를 사용했습니다.

이와 같이 완전 타동사마다 목적어로 취할 수 있는 명사 상당어구는 모두 다릅니다. 이런 이유로 동사는 하나씩 개별적으로 공부하는 수밖에 없습니다.

1. 동명사만을 목적어로 취하는 완전 타동사
   enjoy, stop, finish, mind, admit, deny, avoid, give up 등
2. 부정사만을 목적어로 취하는 완전 타동사
   want, hope, decide, plan, desire, choose, expect, refuse 등
3. 동명사, 부정사 둘 다 목적어로 취할 수 있는 완전 타동사
   love, like, start, begin, continue
4. that 절만을 목적어로 취할 수 있는 완전 타동사
   hear, hope, expect, promise, regret 등
5. that 절, what 절 둘 다 목적어로 취할 수 있는 완전 타동사
   ask, know, feel, find, show, see, learn, wonder, imagine 등
6. that 절, what 절, 명사구(wh + to + do) 셋 다 목적어로 취할 수 있는 완전 타동사
   understand, know, decide, learn, find, ask, show 등

die-died-died

완전 타동사 : (동족 목적어를 취하여) ……한 죽음을 맞다

He died a peaceful death.

그는 평화스러운 죽음을 맞이했다.

She died a natural death.

그는 자연사했다.

완전 자동사 : 죽다

Everybody dies.

모두가 죽습니다.

She died three years ago.

그녀는 3 년 전에 죽었습니다.

Soldiers will die for the country.

병사들은 나라를 위해 죽을 것이다.

Some people die of cancer.

어떤 사람들은 암으로 죽는다.

Your kindness will never die.

당신의 친절은 결코 잊히지 않을 것입니다.

A coward dies many times but hero dies once.

겁쟁이는 여러 번 죽지만 영웅은 한 번 죽는다.

불완전 자동사 : ……한 상태로 죽다

She died young.

그녀는 젊어서 죽었습니다.

He died a hero.

그는 영웅으로 죽었다.

do-did-done

완전 타동사 : ……을 하다, ……을 행하다

I will do my homework.

나는 숙제를 끝낼 것이다.

Do your best.

최선을 다하십시오.

What are you doing now?

지금 무엇을 하고 있습니까?

I will do anything for you.

당신을 위해서라면 무엇이든 하겠습니다.

Anything will be done for you(by me). (수동태)

나는 당신을 위해서 무엇이든 할 것입니다.

수여 동사 : ……에게 ……을 행하다

Milk does your body good.

우유는 당신 건강에 좋습니다.

Can you do me a favor?

부탁 하나 들어주시겠어요?

He did me a kindness.

그는 나에게 친절을 베풀었다.

완전 자동사 : 하다, 행하다, 지내다

Do as I tell you.

내가 말한 대로 행하세요.

Do like a gentleman.

신사처럼 행동하십시오.

How are you doing?

어떻게 지내고 계십니까?

Do in Rome as Romans do.

로마에서는 로마인처럼 행동하십시오.

eat-ate-eaten

완전 타동사 : ……을 먹다, ……을 소모하다

I eat pizza every day.

나는 피자를 매일 먹는다.

What did you eat for lunch?

점심으로 무엇을 먹었습니까?

I will eat Italian food tonight.

나는 오늘 밤 이태리 음식을 먹을 것이다.

Cattle eat grass.

소는 풀을 먹습니다.

My old car eats a lot of money.

나의 오래된 자동차는 돈을 먹습니다.

Pizza is eaten(by me). (수동태)

피자는 먹힌다(나에 의해서).

Grass is eaten by cattle. (수동태)

풀은 소에 의해서 먹힌다.

완전 자동사 : 음식을 먹다

People eat and drink.

사람들은 먹고 마십니다.

He eats well.

그는 잘 먹습니다.

You should eat regularly.

규칙적으로 식사를 해야 합니다.

읽어 보기

영어의 어순은 '주어 + 동사 + 목적어 + 보어'인데 이것을 문장의 4 대 요소라고 합니다.(주어, 목적어, 보어는 명사 및 그 상당어구임)
이렇게 단순한 어순을 가지고 있는데도 어렵게 느껴지는 이유는 영어는 명사(주어와 목적어, 보어가 됨)와 동사를 수식하는 수식어구들이 많기 때문입니다.

- **명사를 수식하는 형용사 상당어구 = 부정사, 전명구, 현재분사, 과거분사, 관계 대명사, 관계 부사**
- **동사를 수식하는 부사 상당어구 = 부정사, 전명구, 부사절**

문장에서 수식어구만 걷어 내면 주어와 목적어 그리고 동사가 즉시 구별되므로 해석과 영작이 쉬워지고 회화 실력이 향상되므로 구와 절을 깊이 있게 공부해야 합니다.

다음의 형용사 상당어구들이 명사를 수식하고 있습니다.

돈과 권력을 가진 **남자**	the man with money and power 전명구 with 이하가 명사 man 수식
해결해야 할 **문제들**	problems to slove. 부정사 to solve가 명사 problems 수식
미국에 살고 있는 **한국인들**	Koreans living in USA 현재분사 living 이하가 명사 Koreans 수식
십 년 만에 발견된 **현금**	cash found in ten years 과거분사 found 이하가 명사 cash 수식
숨길 수 없는 **진실**	the truth that can't be hidden 관계 대명사 that 이하가 명사 truth 수식

내일 만나야 할 **사람들**	people that I meet tomorrow 관계 대명사 that 이하가 명사 people 수식
비극적인 사고들이 일어났던 **도시**	The city where the tragic accidents happened 관계 부사 where 이하가 명사 city 수식

다음의 부사 상당어구들이 동사를 수식하고 있습니다.

그들이 먹고 자는 동안 나는 공부한다.	I study while they sleep and eat. 부사절 while 이하가 동사 study 수식
그는 나를 보자마자 달아났다.	He ran away as soon as he saw me. 부사절 as soon as 이하가 동사 run 수식
내가 돌아올 때까지 여기서 기다려라.	Wait here until I come back. 부사절 until 이하가 동사 wait 수식
나는 자녀들을 키우기 위해 열심히 일한다.	I work hard to raise my children. 부정사 to raise가 동사 work 수식
도와주셔서 감사합니다.	I thank you for your help. 전명구 for your help가 동사 thank 수식

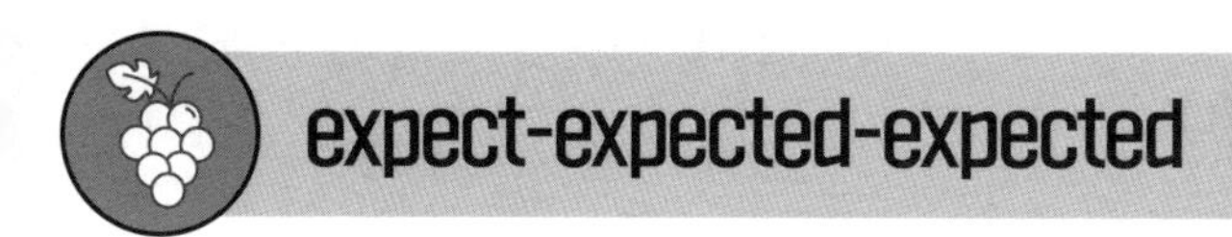

expect-expected-expected

완전 타동사 : ……을 기대하다, ……을 할 작정이다

All the customers expect good service.

모든 손님들은 좋은 서비스를 기대합니다.

She expects your letter.

그녀는 당신의 편지를 기대하고 있습니다.

When do you expect your baby?

언제 출산 예정이시죠?

We expected to meet him.

우리는 그를 만날 작정이었다.

He expects to finish the job.

그는 그 일을 끝낼 작정이다.

People expect that winter will be over soon.

사람들은 겨울이 곧 지나가기를 바란다.

I expect that everything goes well.

나는 모든 것이 잘되기를 기대한다.

Good service is expected by all the customers. (수동태)

모든 고객은 좋은 서비스를 기대합니다.

불완전 타동사 : ……이 ……하기를 기대한다

I expect you to obey the rules.

나는 여러분들이 규칙을 잘 따르기를 기대합니다.

We expect him to pass the exam.

우리는 그가 시험에 합격하기를 기대한다.

I expect you to stay here.

나는 당신이 여기 머물러 주었으면 합니다.

You are expected to stay here(by me). (수동태)

당신이 여기 머물러 주었으면 합니다.

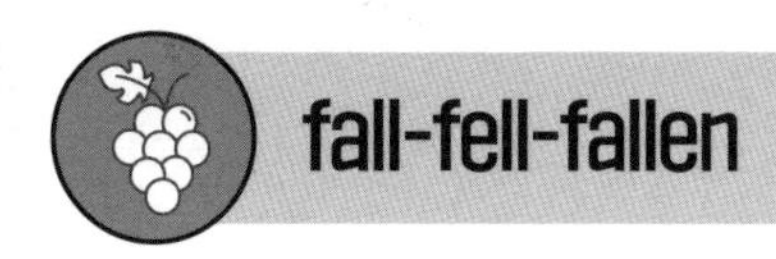

fall-fell-fallen

완전 자동사 : (위에서 아래로) 떨어지다, 하락하다, 쓰러지다

Raindrops fall.

빗방울이 떨어진다.

Leaves will fall.

낙엽이 떨어질 것이다.

The trees might fall down.

나무가 쓰러질지도 모른다.

The old man fell down.

노인이 넘어졌습니다.

The price of houses falls down.

집값이 떨어집니다.

The fort fell.

요새가 함락됐다.

feel-felt-felt

완전 타동사 : ……을 느끼다, ……라고 생각하다

People feel fear(joy, sorrow, happiness).

사람들은 공포(기쁨, 슬픔, 행복)를 느낍니다.

She feels that she will get a job soon.

그녀는 곧 직장을 잡을 거라는 생각이 든다.

I feel that she may call me tonight.

나는 그녀가 왠지 오늘 밤 전화할지도 모른다는 느낌이 든다.

불완전 타동사 : ……이 ……하는 것을 느끼다

I feel my heart beat.

나는 내 심장이 뛰는 것을 느낀다.

She felt someone touch her shoulder.

그녀는 누군가가 그녀의 어깨를 만지는 것을 느꼈다.

불완전 자동사 : ……하게 느끼다, ……한 생각이 들다

He feels guilty.

그가 뭔가 죄지은 느낌이 든다.

We feel happy.

우리는 행복하게 느낀다.

This room feels comfortable.

이 방은 편안한 느낌이 든다.

The cloth feels soft.

그 천은 매우 부드럽다.

I feel insulted.

나는 어쩐지 모욕당한 느낌이 든다.

He felt defeated.

그는 패배당한 느낌이 들었다.

읽어 보기

let, make, have를 사역동사라고 하며 see, hear, feel을 지각동사라고 합니다.
이 동사들은 특히 불완전 타동사(문장의 5 형식)로 사용 빈도가 높습니다.
불완전 타동사로 쓰이면 목적보어는 동사의 원형이 됩니다. (사역동사 안에 help가 포함됨)

1. 사역동사(let, make, have, help) : 동사의 원형이 목적보어

I will let you know it. you(목적어) = know(목적보어)
너에게 그것을 알려 주겠다.
She makes me cry. me(목적어) = cry(목적보어)
그녀는 나를 울린다.
I had him come. him(목적어) = come(목적보어)
나는 그를 오게 했다.
He helped the boys study. boys(목적어) = study(목적보어)
그는 소년들이 공부하는 것을 도왔다.

2. 지각동사(see, hear, feel) : 동사의 원형뿐만 아니라 현재분사도 목적보어로 사용

I saw him work(working). him(목적어) = work(working) (목적보어)
나는 그가 일하는 것을 보았다.
I heard the boys laugh(laughing). the boys(목적어) = laugh(laughing) (목적보어)
나는 소년들이 웃는 것을 들었다.
I feel my heart beat(beating). my heart(목적어) = beat(beating) (목적보어)
나는 내 심장이 뛰는 것을 느낀다.

fill-filled-filled

완전 타동사 : ……을 채우다, ……을 메우다

People fill the theater.

사람들이 극장을 채운다.

Happiness filled her heart.

행복이 그녀의 심장을 채웠다.

The good smell fills the house.

좋은 냄새가 집 안을 채웁니다.

Please fill the application.

신청서를 작성해 주십시오.

He fills the cup with water.

그는 물로 컵을 채운다.

She fills my mind with love.

그녀는 사랑으로 나의 마음을 채운다.

My heart is filled with love(by her). (수동태)

나의 마음은 (그녀에 의해서) 사랑으로 넘친다.

The cup is filled with water(by him). (수동태)

그 컵은 (그에 의해서) 물로 가득 차 있다.

완전 자동사 : (사람들이) 그득 차다, 넘치다

The pool fills with children.

그 수영장은 어린이들로 넘쳐난다.

The street fills with young men.

그 거리는 젊은이들로 가득 차 있다.

Her eyes filled with tears.

그녀의 눈은 눈물로 가득했다.

find-found-found

완전 타동사 : ……을 찾아내다, ……을 발견하다, ……을 알다

Did you find the key?

열쇠를 찾았습니까?

I will find the job soon.

나는 곧 직장을 구하겠습니다.

We found the solution.

우리는 해결책을 찾아냈다.

I found that he could speak English very well.

나는 그가 영어를 매우 잘한다는 것을 알았다.

We found that his story was true.

우리는 그의 이야기가 사실임을 알았다.

Can you find where he works?

그가 어디서 일하는지 알아봐 주시겠어요?

I will find out who she is.

그녀가 누구인지 알아보겠습니다.

Please find out how to get to the airport.

공항까지 가는 길을 알아봐 주세요.

Can you find when to start work?
언제 일을 시작할지 알아봐 주시겠어요?

The key was found(by me). (수동태)
그 열쇠는 (나에 의해서) 발견되었다.

수여 동사 : ……에게 ……을 찾아 주다

Can you find me a good hotel?
나에게 좋은 호텔을 찾아 주시겠어요?

I will find you attractions in this city.
이 도시의 관광명소를 알려 드리겠습니다.

불완전 타동사 : ……이 ……임을 알다

I found the lady attractive.
나는 그녀가 매력적이라는 것을 알았다.

The jury found the man guilty.
배심원은 그가 유죄라고 판단했다.

The police found him injured.
경찰은 그가 부상당한 것을 발견했다.

I found the window broken.
나는 유리창이 깨진 것을 알았다.

She found him studying at the library.
그녀는 그가 도서관에서 공부하고 있는 것을 발견했다.

I found him working at the restaurant.
나는 그가 식당에서 일하는 것을 보았다.

The man was found guilty(by the jury). (수동태)
그가 유죄임이 판명됐다(배심원에 의해서).

He was found injured(by the police). (수동태)
그는 부상당한 채로 발견되었다(경찰에 의해서).

읽어 보기

영어의 특징 중 하나는 하나의 단어가 많은 뜻을 가지고 있다는 사실입니다.
동사든 형용사든 부사든 어떤 품사이건 하나의 단어가 많은 뜻을 가지고 있는 것이 영어입니다.

예를 들어 good(형용사)을 사전에서 찾아보면 좋은, 우량한, 훌륭한, 질이 좋은, 고급의, 선량한, 성실한, 친절한, 현명한, 인정 있는, 능숙한, 익숙한, 잘하는, 재간 있는, 뛰어난, 효과적인, 유효한, 유익한, 이익이 되는, 맛있는, 충분한, 가짜가 아닌, 훌륭한, 튼튼한, 가치가 있는 등의 많은 뜻이 있습니다.

He is a good man.	그는 좋은(선량한, 성실한 등) 사람이다.
He is good for the job.	그는 그 일에 적격이다.
He is good to children.	그는 어린이들을 잘 다룬다.
This is good for $10.00.	이것은 10 불의 가치가 있다.
He is good at English(sports, music).	그는 영어(운동, 음악)에 능숙하다.
This food is good.	이 음식은 먹을 만하다.
This medicine is good.	이 약은 효과가 좋다
This machine is good.	이 기계는 잘 작동된다
One hour is good.	한 시간이면 충분합니다.
The horse is good.	그 말은 튼튼합니다.
The story is good.	그 이야기는 사실이다.

영어를 잘하기 위해서는 많은 단어와 문장을 외우는 것이 아니고 하나의 단어가 갖는 다양한 뜻을 문장들과 함께 외워야 합니다. 이러한 방법으로 공부해야 영작 실력이 좋아집니다.

finish-finished-finished

완전 타동사 : ……을 끝내다, ……을 마치다

He finished the deal.
그는 그 거래를 끝냈다.

I will finish college this year.
나는 금년에 대학을 마칩니다.

What time do you finish your dinner?
몇 시에 저녁식사를 끝내시지요?

Can you finish the work today?
오늘 그 일을 끝내 주시겠어요?

He finished reading the book.
그는 그 책을 읽는 것을 끝마쳤다.

She finished playing the piano.
그녀는 피아노를 연주를 끝냈습니다.

The deal was finished(by him). (수동태)
그 거래는 (그에 의해서) 종결되었습니다.

완전 자동사 : 끝나다, 마치다

The school finishes before noon.
학교는 정오 전에 끝납니다.

The concert finished yesterday.
그 연주회는 어제 끝났다.

follow-followed-followed

완전 타동사 : ……을 쫓다, ……을 따라가다, ……의 뒤를 잇다

We will follow you.
우리는 당신의 뒤를 따라가겠습니다.

Night follows day.
밤이 낮의 뒤를 따라간다.

You just follow your heart.
양심이 시키는 대로 하십시오.

Most people follow fame and wealth.
대부분의 사람들은 명성과 부를 쫓습니다.

The soldiers should follow orders and rules.
병사들은 명령과 규칙을 따라야 합니다.

Please follow the signs in the mountain.
산에서는 안내표지를 따르세요.

Can you follow me?
내 말 이해하시겠어요?

Fame is followed by people. (수동태)
명성은 사람들에 의해서 추구됩니다.

완전 자동사 : 뒤따르다, 쫓아가다

The police followed after him.

경찰이 그의 뒤를 추적했다.

He will follow in his father's footsteps.

그는 아버지의 뒤를 이을 것이다.

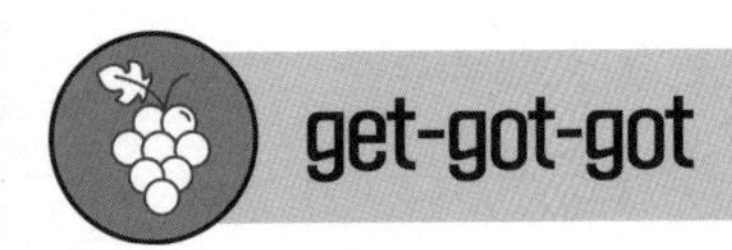

get-got-got

완전 타동사 : ……을 얻다, ……을 입수하다, ……을 이해하다

He will get the job.

그는 직장을 가질 것이다.

He got the flu.

그는 감기에 걸렸다.

Can I get it?

내가 그것을 가질 수 있습니까?

We got a lot of rain last night.

지난밤 비가 많이 왔다.

Where did you get the information?

그 정보는 어디서 얻으셨어요?

You can get it at a good price.

당신은 그것을 좋은 가격에 구입할 수 있습니다.

Do you get me?

제 말을 이해합니까?

수여 동사 : ……에게 ……을 주다

Can you get me the book, please?

나에게 그 책을 좀 가져다주시겠어요?

She got us the drinks.

그녀는 우리들에게 음료수를 가져다주었다.

불완전 타동사 : ……에게(을) ……하게 하다

We will get everything ready.

우리는 모든 것을 준비시킬 것이다.

Don't get me wrong.

나를 오해하지 마세요.

My boss got me promoted.

사장님은 나를 승진시켰다.

He will get the rooms painted.

그는 방들을 페인트칠하게 할 것이다.

The teacher gets us to study hard.

선생님은 우리를 열심히 공부하게 한다.

The salesman got me to buy the goods.

그 세일즈맨은 내가 그 물건을 구입하게 했다.

I got the machine running.

나는 그 기계를 작동시켰다.

불완전 자동사 : ……이 되다

She got angry.

그녀는 화가 났다.

Everyone gets old.

모두가 늙어 갑니다.

The weather is getting cold.

날씨가 추워지고 있다.

He will get married soon.

그는 결혼할 것이다.

Nobody got hurt.

아무도 다치지 않았다.

give-gave-given

완전 타동사 : ……을 주다, ……을 제공하다

They give food.

그들은 음식을 제공한다.

She gives smile.

그녀는 미소를 띄웁니다.

Mom gave a party.

어머니는 파티를 열어 주었다.

Love gives happiness.

사랑은 행복을 제공합니다.

The trees give oxygen.

나무들은 산소를 제공합니다.

She gives help to the poor.

그녀는 가난한 사람들에게 도움을 줍니다.

I will give books to children.

나는 어린이들에게 책을 제공할 것이다.

수여 동사 : ……에게 ……을 주다

Teachers give us advice.

선생님들은 우리들에게 조언해 주십니다.

He gave us information.

그는 우리들에게 정보를 주었다.

We were given information(by him). (수동태)

우리들에게 (그에 의해서) 정보가 주어졌다.

Information was given to us(by him). (수동태)

정보가 (그에 의해서) 우리들에게 주어졌다.

읽어 보기

문장의 4 형식을 이루는 수여 동사들에는,

give, send, buy, offer, read, teach, pay, tell, show, make, promise, fix, cut, bring, sell, get, lend, grant, award 등이 있습니다.

수여 동사들은 '……에게 ……해 주다'라는 뜻을 포함하고 있습니다.

pay ……에게 ……을 지불해 주다
send ……에게 ……을 보내 주다
buy ……에게 ……을 사 주다
offer ……에게 ……을 제공해 주다
read ……에게 ……을 읽어 주다
teach ……에게 ……을 가르쳐 주다

수여 동사(문장의 4 형식)를 수동태로 전환할 때 간접 목적어와 직접 목적어 둘 다 수동태의 주어가 될 수 있는 동사에는 give, tell, teach, pay 등이 있습니다.

능동태 : He gave me a book. 그는 나에게 책을 주었다.
수동태 : I was given a book by him. 간접 목적어가 수동태의 주어
A book was given to me by him. 직접 목적어가 수동태의 주어

능동태 : He told me a story. 그는 나에게 이야기해 주었다.
수동태 : I was told a story by him. 간접 목적어가 수동태의 주어
A story was told to me by him. 직접 목적어가 수동태의 주어

능동태 : He teaches me English. 그는 나에게 영어를 가르친다.
수동태 : I am taught English(by him). 간접 목적어가 수동태의 주어
English is taught to me(by him). 직접 목적어가 수동태의 주어

능동태 : They pay me $30.00 an hour. 그들은 나에게 시간당 30.00 불을 지불한다.
수동태 : I am paid $30.00 an hour(by them). 간접 목적어가 수동태의 주어
$30.00 an hour is paid to me(by them). 직접 목적어가 수동태의 주어

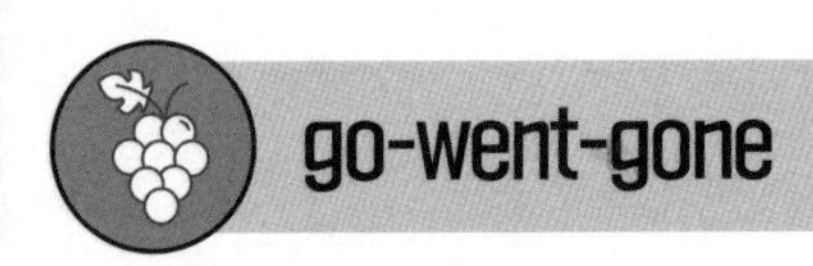

go-went-gone

완전 자동사 : 가다, 향하다, 지나가다, 진행되다

People come and go.
사람들은 오고 간다.

She will go.
그녀는 떠날 것이다.

Boys go to school.
소년들이 학교에 갑니다.

I will go by train.
나는 기차로 가겠다.

Good times go fast.
좋은 시간은 빨리 지나갑니다.

Everything goes well.
모든 것이 잘돼 갑니다.

The pain has gone.
통증이 사라졌다.

What is going on?
도대체 무슨 일이죠?

How is it going?

일은 잘되어 갑니까?

불완전 자동사 : ……이 되다, ……하게 되다

He went blind.

그는 소경이 되었다.

You will go free.

당신은 자유의 몸이 될 것이다.

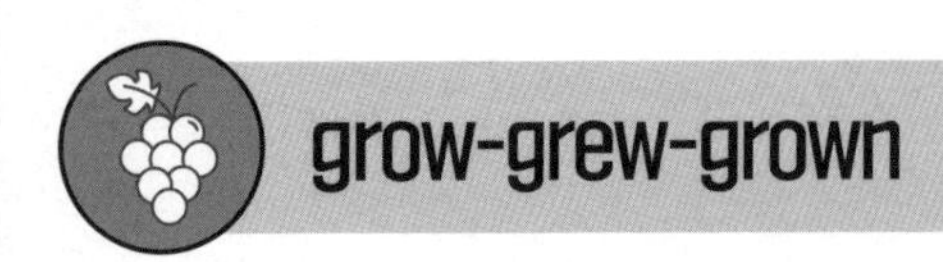

grow-grew-grown

완전 타동사 : ……을 키우다, ……을 성장시키다

She grows roses.

그녀는 장미를 기른다.

Farmers grow corn.

농부는 옥수수를 재배합니다.

I will grow my hair.

나는 머리를 기를 것이다.

완전 자동사 : 성장하다, 자라다, 늘어나다

Children grow everyday.

어린이들은 매일 자랍니다.

Pine trees grow anywhere.

소나무는 어디서나 자랍니다.

Money doesn't grow on trees.

돈은 나무에서 자라지 않습니다.

불완전 자동사 : ……으로 변하다, ……으로 되다

You will grow rich.

당신은 부자가 될 것이다.

She grew tall.

그녀는 키가 많이 자랐습니다.

Everything grows better.

모든 것이 더 좋아지고 있다.

The wind grows strong.

바람이 강해지고 있다.

완전 자동사 : (사건 등이) 일어나다, 발생하다

Many things happen every day.

많은 일들이 매일 일어납니다.

The accident happened yesterday.

그 사고는 어제 일어났다.

What is happening?

무슨 일이라도 생겼나요?

Nobody knows what will happen tomorrow.

내일 무슨 일이 일어날지 아무도 모른다.

If something happens to me, please tell my family.

만일 나에게 무슨 일이 생기면 내 가족에게 말해 주세요.

불완전 자동사 : 우연히(공교롭게) ……하다

I happened to see her at the market.

나는 우연히 시장에서 그녀를 보았다.

I happen to know his phone number.

나는 우연히 그의 전화번호를 알고 있다.

have-had-had

완전 타동사 : ……을 소유하다, ……을 가지고 있다

She has two cars.

그녀는 자동차 두 대를 가지고 있다.

I will have lunch.

나는 점심을 먹을 것이다.

Can I have your name please?

당신의 이름은 무엇입니까?

My house has a big kitchen.

내 집에는 큰 부엌이 있습니다.

The store has many toys.

그 가게에는 많은 장난감들이 있습니다.

A rainbow has seven colors.

무지개는 일곱 개의 색을 가지고 있습니다.

불완전 타동사 : ……에게 ……을 하게 하다

He had me leave.

그는 나를 떠나게 했다.

I will have my son study English.

나는 내 아들에게 영어를 공부시킬 것이다.

I had him doing the job.
나는 그에게 그 일을 하게 했다.

He has us laughing.
그는 우리들을 웃게 합니다.

I will have my watch repaired.
나는 나의 시계를 수선시킬 것이다.

He had the room painted.
그는 그 방을 페인트 시켰다.

읽어 보기

have는 문장의 3 형식(완전 타동사)과 문장의 5 형식(불완전 타동사)을 만듭니다. have의 문법적 기능은 과거분사와 함께 완료형 시제 그리고 현재분사와 함께 완료 진행형 시제를 만듭니다. 영어의 시제는 중요하므로 모두 기억하고 있어야 합니다.

1. have(had, will have)는 과거분사와 결합하여 완료형 시제를 만듭니다

I have finished the job. 나는 그 일을 끝냈다. (현재완료)

I had finished the job. 나는 그 일을 끝냈었다. (과거완료)

I will have finished the job. 나는 그 일을 끝낼 것이다. (미래완료)

2. have(had, will have)는 been + 현재분사와 결합하여 완료 진행형 시제를 만듭니다

I have been reading a book. 나는 계속해서 책을 읽어 오고 있다. (현재완료 진행형)

I had been reading a book. 나는 계속해서 책을 읽어 오고 있었다. (과거완료 진행형)

I will have been reading a book. 나는 계속해서 책을 읽고 있을 것이다. (미래완료 진행형)

3. have to는 조동사 must(……하지 않으면 안 된다)와 같은 뜻이지만 must는 시제가 없습니다. 그러나 have to는 현재 had to는 과거, will have to는 미래로 사용합니다

I have to(must) call him. 나는 그에게 전화하지 않으면 안 된다. (현재)

I had to call him. 나는 그에게 전화하지 않으면 안 되었다. (과거)

I will have to call him. 나는 그에게 전화하지 않으면 안 될 것이다. (미래)

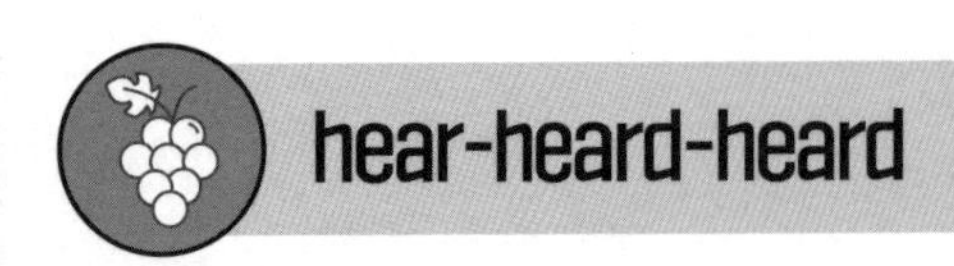

hear-heard-heard

완전 타동사 : ……을 듣다, ……의 말을 이해하다

Did you hear the news?

그 소식을 들었습니까?

We heard something.

우리는 뭔가를 들었다.

I hear you.

나는 당신의 말을 이해합니다.

I hear that you will become a teacher soon.

곧 선생님이 될 것이라고 들었습니다.

Did you hear that Jane would move to New York?

제인이 뉴욕으로 이사한다는 소식을 들었습니까?

Something was heard by us. (수동태)

우리들은 뭔가를 들었다.

불완전 타동사 : ……이 ……하는 것을 듣다

We heard him sing(singing).

우리는 그가 노래하는 것을 들었다.

She heard the baby cry(crying).

그녀는 애기가 우는 것을 들었다.

I hear them laugh(laughing).

나는 그들이 웃고 있는 것을 듣고 있다.

완전 자동사 : 듣다, 들리다

Can you hear?

내 말이 들리세요?

I heard about him.

나는 그에 관해서 소식을 들었다.

I heard from him.

나는 그로부터 소식을 들었다.

help-helped-helped

완전 타동사 : ……을 돕다

He helps the poor.

그는 가난한 사람들을 돕는다.

Can I help you?

도와드릴까요?

She helped to wash the dishes.

그녀는 접시 닦는 것을 도왔다.

I will help to solve the proplems.

나는 그 문제들을 해결하는 것을 도울 것이다.

I will help you with your homework.

내가 당신의 숙제를 도와주겠습니다.

불완전 타동사 : ……이(에게) ……하도록 돕다

I will help him get the job.

나는 그가 직장을 갖도록 도와줄 것이다.

He helped us move the boxes.

그는 우리들이 상자들을 옮기는 것을 도와주었다.

Reading helps you improve your English.

독서는 당신의 영어가 향상되도록 돕는다.

Experience helps you succeed.
경험은 당신이 성공하도록 돕는다.

The spring rain helps the flowers grow.
봄비는 꽃들이 자라는 것을 돕는다.

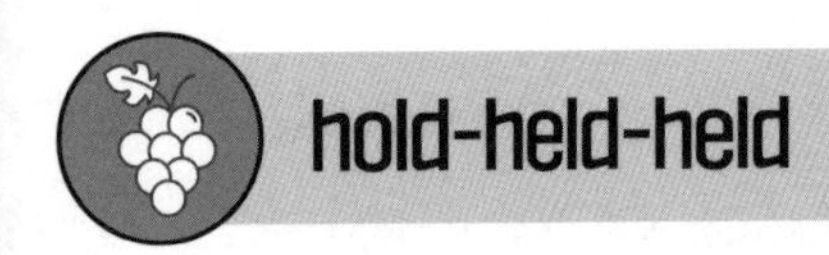

hold-held-held

완전 타동사 : ……을 붙들다, (파티, 회의 등)을 열다, ……을 수용하다

Can you hold my bag, please?

제 가방 좀 들어 주시겠어요?

She holds her baby.

그녀는 아기를 안고 있다.

He holds a high position.

그는 높은 직책을 갖고 있습니다.

Hold the line, please.

(전화에서) 잠깐 기다려 주세요.

Love holds my family together.

사랑은 가족을 단결시켜 줍니다.

She held the party last night.

그녀는 어젯밤 파티를 열었습니다.

My boss will hold the meeting.

사장님은 회의를 개최할 것입니다.

She held my hands.

그녀는 나의 손을 붙들었다.

The theater holds 200 people.
그 극장은 200 명을 수용합니다.

The meeting will be held(by my boss). (수동태)
회의는 열릴 것이다(사장님에 의해서).

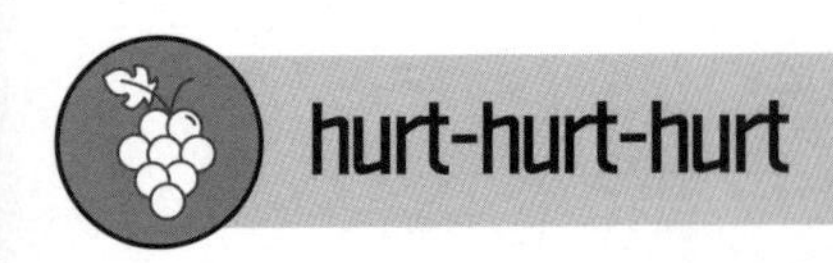

hurt-hurt-hurt

완전 타동사 : ……을 아프게 하다, ……을 상처 내다

You hurt me.
당신은 나를 아프게 한다.

My head hurts me.
나의 머리가 나를 아프게 한다.

Did I hurt your feelings?
제가 당신의 기분을 상하게 했나요?

Rainy days hurt retail businesses.
비 오는 날은 소매업이 좋지 않습니다.

The rumor hurts his reputation.
소문이 그의 평판을 실추시킨다.

I was hurt by him. (수동태)
나는 그에 의해서 상처 받았다.

His reputation is hurt by the rumor. (수동태)
그의 평판이 소문 때문에 실추된다.

완전 자동사 : 아프다

My finger hurts.
손가락이 아픕니다.

The inject will not hurt
주사는 아프지 않을 것이다.

읽어 보기

영어가 가능하다는 평가를 받기 위해서는 말하기, 듣기, 읽기, 쓰기 네 분야의 실력을 함께 갖추고 있어야 합니다.

유창한 회화가 가능하다고 해서 읽지 못하고 쓰지 못한다면 영어가 가능하다고 말할 수 없습니다. 막힘없이 잘 읽고 멋진 글을 작성할 수 있어도 미국인과 대화할 수 없다면 역시 영어가 가능하다고 말할 수 없습니다.

말하기, 듣기, 읽기, 쓰기 네 분야를 동시에 배우기 위해서는 문자 습득의 과정을 거쳐야 합니다.
문자 습득과 활용은 문법을 통해서만 가능합니다.
말하기, 듣기, 읽기, 쓰기 네 영역은 따로따로 존재하는 것이 아니고 모두 상호 보완적인 관계를 가지고 있는데 이를 통합적으로 배우기 위해서는 반드시 문법을 공부해야 합니다.

원어민(미국인)들도 문자를 터득하고 사용하기 위해서는 문법을 열심히 공부합니다.
글을 읽고 쓸 수 있는 사람이 말을 하지 못하고 알아듣지 못하는 경우는 없습니다.
링컨 대통령은 변호사 시절 일 년에 한 번씩은 문법을 통독했다는 유명한 일화가 있습니다. 문법을 공부함으로써 어법에 맞는 글쓰기와 조리 있게 말하는 능력도 향상되기 때문입니다.

기본 문법을 반복한다는 것이 지루하고 시간 낭비처럼 생각될 수 있지만 문법을 반복할수록 말하기, 듣기, 읽기, 쓰기 네 분야가 동시에 향상됩니다.

이 책의 문법 편을 5 번 이상 반복하십시오. 유창한 영어가 약속됩니다.

Include-included-included

완전 타동사 : ……을 포함하다, ……을 포함시키다

We included him.
우리는 그를 포함시켰다.

I will include you in this game.
이번 경기에 당신을 포함시키겠습니다.

She includes me for the party.
그녀는 파티에 나를 포함시킨다.

Did you include the books on the list?
그 책들을 목록에 포함시켰습니까?

This bill includes the tax.
이 계산서는 세금을 포함하고 있습니다.

My journey includes New York city.
나의 여행은 뉴욕시를 포함하고 있습니다.

Your job includes fixing the computers.
당신의 업무는 컴퓨터를 수리하는 것을 포함하고 있습니다.

My lesson includes learning English grammar.
내 수업은 영문법을 배우는 것을 포함하고 있습니다.

The tax is included in this bill. (수동태)
세금은 이 계산서에 포함되어 있습니다.

New York City is included in my journey. (수동태)
뉴욕시는 내 여행 안에 포함되어 있습니다.

keep-kept-kept

완전 타동사 : ……을 지키다, ……을 보관하다

She keeps the secret.

그녀는 비밀을 지킵니다.

I keep my promise.

나는 약속을 지킵니다.

You can keep the book.

당신은 이 책을 가져도 좋습니다.

Keep the change.

잔돈은 가지세요.

He keeps old letters.

그는 오래된 편지를 보관합니다.

I keep my family picture in my wallet.

나는 가족사진을 내 지갑 안에 보관합니다.

The secret is kept(by her). (수동태)

비밀은 (그녀에 의해서) 지켜집니다.

Old letters are kept(by him). (수동태)

오래된 편지는 (그에 의해서) 보관됩니다.

불완전 타동사 : ……을 ……한 상태로 유지하다

She keeps her house clean.
그녀는 집을 깨끗한 상태로 유지합니다.

My job keeps me busy.
내 일은 나를 바쁜 상태로 유지시킵니다.

Please keep the door shut.
문을 항상 닫아 두세요.

I will keep you posted.
계속해서 당신에게 소식을 전하겠습니다.

She kept me waiting.
그녀는 나를 기다리게 했다.

His jokes keep us laughing.
그의 농담은 우리들을 웃게 한다.

불완전 자동사 : 계속해서 ……한 상태로 유지하다

Everybody kept silent.
모두가 침묵을 지켰다.

They keep well.
그들은 건강하게 잘 지낸다.

The girls keep talking.
소녀들이 계속해서 떠들고 있습니다.

It keeps raining.
비가 계속해서 내리고 있습니다.

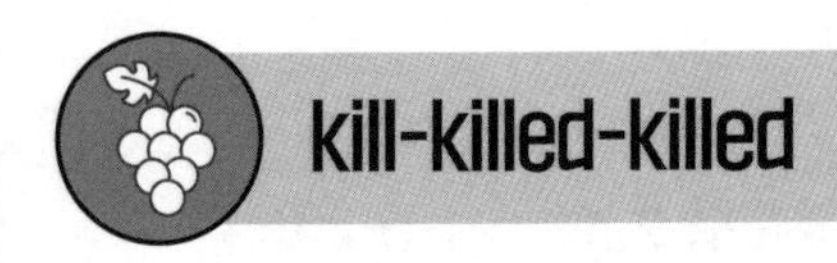

kill-killed-killed

완전 타동사 : ……을 죽이다, (시간을) 보내다

Animals kill animals.

동물들이 동물들을 죽입니다.

He killed himself.

그는 자살했습니다.

My head kills me.

머리가 너무 아프군요.

She kills me.

그녀가 나를 죽여 주는군요. (복장, 외모, 화술 따위로)

He kills everyone with jokes.

그는 농담으로 사람을 죽입니다.

I killed five hours on the beach.

나는 해변에서 5 시간을 보냈습니다.

You can kill the pain with this drug.

이 약을 먹으면 고통이 사라집니다.

She was killed in a car accident. (수동태)

그녀는 자동차 사고로 목숨을 잃었습니다.

Many soldiers were killed in the war. (수동태)

많은 병사들이 전쟁에서 목숨을 잃었습니다.

완전 자동사 : 사람을 죽이다

You shall not kill.

살인하지 말라.

Smoking kills.

흡연은 사람을 죽입니다.

know-knew-known

완전 타동사 : ……을 알고 있다, ……을 알다

I know him.

나는 그 사람을 알고 있습니다.

He knows the law.

그는 법률 지식이 풍부합니다.

Everybody knows Mr. Kim.

모두가 미스터 김을 알고 있습니다.

I know that she loves to sing.

나는 그녀가 노래 부르는 것을 좋아한다는 것을 알고 있다.

He knows that I study English very hard.

그는 내가 열심히 영어공부를 한다는 것을 알고 있다.

She knows how to drive a car.

그녀는 자동차 운전을 할 수 있다.

He knows when to start work.

그는 언제 일을 시작할지 알고 있다.

We know who he is.

우리는 그가 누구인지 알고 있습니다.

Nobody knows why he disappeared.

그가 왜 사라졌는지 아무도 모릅니다.

완전 자동사 : 알다, 알고 있다

How should I know?

내가 어떻게 알겠는가?

He knows about it.

그는 그것에 관해서 잘 알고 있습니다.

읽어 보기

필자는 지금까지 3 권의 영어 교재를 출간했습니다.

1. **통째로 먹는 영어(조은 출판사, 2007 년 출판)**

영어는 동사 중심의 언어입니다. 이 책은 동사 사전이라고 말할 수 있을 정도로 330 개의 필수 동사에 대한 문법적 기능과 적용되는 문형을 상세히 설명해 놓았습니다.
또한 동사와 함께 수록된 약 4,500 개의 문장들은 미국인의 일상생활에 빈번하게 사용되는 표현들이므로 여러분들의 회화에 큰 도움이 되리라 믿습니다.
이 책 한 권으로 당신은 영어를 정복할 수 있습니다.

2. **웃어라 영어야!(조은 출판사, 2012 년 출판)**

영어는 누구든지 올바른 학습 방법으로 공부하면 쉽게 정복할 수 있는 언어입니다.
이 책이 제공하는 학습방법으로 하루 3 시간 이상 3 개월 정도 꾸준히 공부하면 누구나 영어에 유창해질 수 있습니다.

이 책에서는 기본 문법과 영어 학습에 가장 중요한 문형을 누구나 쉽게 이해하도록 설명해 놓았으므로 이 책을 몇 번 반복하면 영어가 쉬워지고 누구든지 영어에 능통해질 수 있습니다.
동시에 미국인들의 문화와 정서, 관습과 풍속들을 함께 소개하고 있으므로 영어공부에 일석이조의 효과를 보리라 믿습니다.

3. 명언으로 유창한 영어(좋은땅 출판사, 2020 년 출판)

이 책은 1,400 개의 명언들을 영문과 한글로 수록해 놓았습니다. 이 책의 명언들은 수준 높고 품위 있는 표현들로서 미국인의 실생활에 즉시 사용할 수 있는 회화체로 되어 있습니다.

짧고 간결한 명언들을 외우다 보면 영어의 어순과 문형이 저절로 익혀지고 작문 실력이 향상되며 품위 있고 수준 높은 영어를 구사할 수 있는 동력을 갖게 됩니다.

한 마디의 명언이 갖는 힘은 위대합니다. 명언을 통해 지혜와 명철을 배우고 인생의 어려운 시기에 힘과 용기를 얻기도 하며 번영의 순간에 겸손과 양보를 배우기도 합니다. 본서의 명언들을 통해서 자신의 인문학적 소양을 높이고 외국인과의 대화에서도 지적 수준을 뽐내는 멋진 영어 구사자가 되기를 바랍니다.

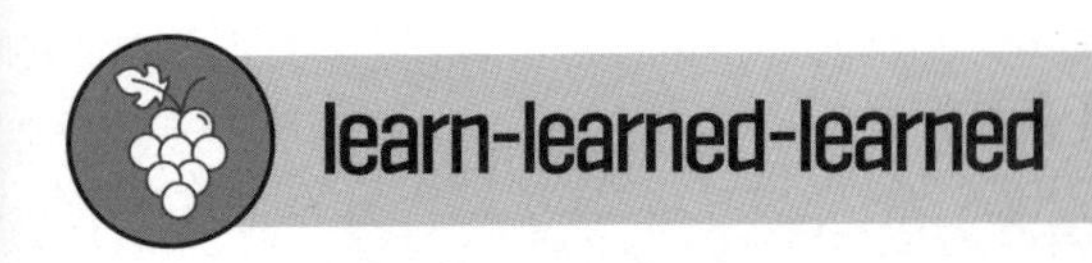

learn-learned-learned

완전 타동사 : ……을 배우다, ……을 익히다, ……을 들어서 알다

They learn English.

그들은 영어를 배웁니다.

We learned the truth.

우리는 진실을 알았습니다.

I learned that they would get divorced.

나는 그들이 이혼한다고 들었다.

We learn that you will join the army soon.

당신이 곧 군에 입대할 거라고 들었는데요.

He will learn how to drive a car.

그는 자동차 운전을 배울 것이다.

She learned how to make cakes.

그녀는 케이크 만드는 법을 배웠습니다.

I learn where she lives.

나는 그녀가 어디서 사는지 알고 있습니다.

He learns why she quit the job.

그는 그녀가 왜 직장을 그만뒀는지 알고 있다.

완전 자동사 : 배우다, 익히다

People should learn.

사람은 배워야 합니다.

She learns fast.

그녀는 빨리 배웁니다.

People learn from mistakes.

사람들은 실수로부터 배웁니다.

I learn about world history.

나는 세계사를 배우고 있습니다.

Live and learn.

살면서 배웁니다.

leave-left-left

완전 타동사 : ……을 떠나다, ……을 남기다

She left me.

그녀는 나를 떠났습니다.

I will leave the company.

나는 회사를 사직할 것입니다.

They leave Seoul tonight.

그들은 오늘 밤 서울을 떠납니다.

Please leave your name and phone number.

당신의 이름과 전화번호를 남겨 주세요.

She left the key in the car.

그녀는 키를 차 안에 남겨 두었다.

He left money to his sons.

그는 두 아들에게 돈을 남겼다.

I will leave a note on the table.

책상 위에 메모를 남겨 두겠다.

She left the baby alone.

그녀는 아기를 홀로 남겨 두었다.

Money was left to his sons(by him). (수동태)
돈은 그의 아들들에게 남겨졌다(그에 의해서).

The baby was left alone(by her). (수동태)
아기는 홀로 남겨졌다(그녀에 의해서).

Love it or leave it.
사랑하든지 아니면 떠나세요.

불완전 타동사 : ……을 ……한 상태로 두다

Somebody left the door open.
누군가 문을 열어 두었다.

He leaves things undone.
그는 일들을 끝나지 않은 채로 남겨 놓는다.

You should leave the box locked.
상자는 잠긴 채로 두세요.

The war left many cities ruined.
전쟁은 많은 도시를 황폐한 채로 남겨 두었다.

완전 자동사 : 떠나다

They left.
그들은 떠났습니다.

The bus will leave soon.
그 버스는 곧 떠날 것이다.

I will leave for Busan.
나는 부산으로 떠날 것이다.

let-let-let

불완전 타동사 : ……에게(을)……하게 하다, ……에게(을) 허락하다

Let me go.

나를 가게 해 주세요.

Let him decide it.

그에게 그것을 결정하게 해 주세요.

I will let you meet him.

나는 당신에게 그를 만나게 할 것이다.

He let me join the club.

그는 나를 그 클럽에 합류시켰다.

Let me get the chance please.

나에게 그 기회를 갖게 해 주세요.

I will never let it happen again.

다시는 그 일이 일어나지 않게 하겠습니다.

Would you let me know when they come back?

언제 그들이 돌아오는지 나에게 알려 주시겠어요?

Why don't you let him speak his idea?

왜 그에게 그의 생각을 말하게 하지 않습니까?

읽어 보기

let(사역동사)은 다른 동사들과는 달리 오직 5 형식(불완전 타동사)으로만 쓰이며 목적보어로는 동사의 원형인 do만을 취합니다. **let은 단 하나의 문형만을 갖고 있음에도 미국인들의 일상생활에 어떤 문형보다 자주 사용되고 있으므로 능숙하게 사용할 줄 알아야 합니다.**

주어 + let + 목적어 + do(목적보어) : ……에게 ……하게 하다

1. 주어(You)가 생략된 상태로 많이 쓰임

(You) let me handle it please. 내가 그 문제를 해결하게 해 주세요.

(You) let her go. 그녀를 가게 하세요.

(You) let them finish the work. 그들에게 그 일을 끝내게 하세요.

2. 의문문

Would you let me do it? 나에게 그것을 하게 해 주시겠어요?

Why don't you let them play outside? 그들을 밖에 놀게 하지 그러세요?

3. 부정문

I can't let you stay here. 당신을 여기 머물게 할 수는 없습니다.

She never lets her children fight. 그녀는 결코 자녀들을 싸우게 하지 않는다.

He didn't let me talk. 그는 나에게 말하지 못하게 했다.

4. 목적어가 사물인 문장들

Let justice control the world. 정의가 세상을 지배하게 해 주세요.

You should let love fill your heart. 사랑이 당신의 마음을 채우게 하세요.

He let the whole world see the truth. 그는 온 세상이 진실을 보게 했다.

Don't let it happen again. 다시는 그 일이 일어나지 않게 하세요.

Please let the doubt go away. 의심을 사라지게 하세요.

She never lets the flowers wither. 그녀는 결코 꽃들을 시들게 하지 않는다.

I will let the happiness come to you. 나는 행복이 당신에게 오게 할 것이다.

Let's …… ……합시다

Let's go. 갑시다.

Let me …… 나에게 ……하게 해 주세요

Let me go. 나를 가게 해 주세요.

let, make, have는 모두 '……을 ……하게 하다'의 뜻이 있지만 뉘앙스가 조금씩 다릅니다.

I let him go. 나는 그를 가게 한다. (허가, 허용의 뜻)

I make hime go. 나는 그를 가게 한다. (강제, 강요의 뜻)

I have him go. 나는 그를 가게 한다. (권유, 권고의 뜻)

like-liked-liked

완전 타동사 : ……을 좋아하다

Everyone likes summer.

모두가 여름을 좋아합니다.

I like music.

나는 음악을 좋아한다.

He likes to sing.

그는 노래 부르는 것을 좋아합니다.

She likes to read.

그녀는 책 읽기를 좋아합니다.

He likes singing.

그는 노래 부르는 것을 좋아합니다.

She likes reading.

그녀는 책 읽는 것을 좋아합니다.

Music is liked by me. (수동태)

음악은 나에 의해서 사랑받는다.

Summer is liked(by everyone). (수동태)

여름은 사랑받는다(모든 사람에 의해서).

불완전 타동사 : ……이 ……하는 것을 좋아하다

I like you to play the piano.

나는 당신이 피아노 연주하는 것을 좋아합니다.

She doesn't like me to smoke.

그녀는 내가 담배 피우는 것을 싫어합니다.

My boss likes me working hard.

나의 사장님은 내가 열심히 일하는 것을 좋아합니다.

I don't like her talking too much.

나는 그녀가 너무 많이 떠드는 것이 싫습니다.

live-lived-lived

완전 타동사 : ……한 삶을 살다

He lives a happy life.

그는 행복한 삶을 살고 있습니다.

I will live a normal life.

나는 평범한 삶을 살 것이다.

완전 자동사 : 살다, 거주하다

People live.

사람들은 살아갑니다.

I live in Seoul.

나는 서울에 삽니다.

She lives with two dogs.

그녀는 개 두 마리와 함께 삽니다.

Many people live in poverty.

많은 사람들이 가난하게 살아갑니다.

Plants can't live without water.

식물은 물 없이 살 수 없습니다.

Where do you live?

어디서 사세요?

She lives alone.

그녀는 혼자 삽니다.

His memory lives in us.

그의 추억은 우리들 가슴속에 살아 있습니다.

My uncle lived to be 87.

나의 삼촌은 87 세까지 살으셨습니다.

We live and learn.

우리는 살면서 배웁니다.

읽어 보기

동사의 어두에 dis, 형용사의 어두에 un, 그리고 명사의 어두에 non이 붙으면 부정의 뜻이 됩니다.

1. 동사

like	좋아하다	dislike	싫어하다
agree	동의하다	disagree	동의하지 않다
appear	나타나다	disappear	사라지다
cover	숨기다	discover	벗기다
honor	명예롭게 생각하다	dishonor	불명예로 생각하다
connect	잇다	disconnect	끊다
approve	찬성하다	disapprove	반대하다
arm	무장하다	disarm	무장 해제하다

2. 형용사

happy	행복한	unhappy	불행한
fair	공정한	unfair	불공정한
kind	친절한	unkind	불친절한
likely	……할 것 같은	unlikely	……할 것 같지 않은
lucky	행운의	unlucky	불운의
comfortable	편안한	uncomfortable	불편한
true	진실인	untrue	진실이 아닌
usable	사용할 수 있는	unusable	사용할 수 없는
believable	믿을 수 있는	unbelievable	믿을 수 없는

3. 명사

stop	멈춤	nonstop	직행
fiction	허구	nonfiction	사실
sense	의미	nonsense	무의미
violence	폭력	nonviolence	비폭력
food	식료품	nonfood	비식료품
smoker	흡연자	nonsmoker	비흡연자
believer	신자	nonbeliever	비신자

look-looked-looked

완전 타동사 : ……을 바라보다, ……을 주시하다

I looked him silently.

나는 조용히 그를 주시했다.

She looks me in the eyes.

그녀는 똑바로 나를 응시한다.

완전 자동사 : 바라보다, 보다

He looks around.

그는 주위를 둘러본다.

We looked at the beautiful mountain.

우리는 아름다운 산을 바라보았다.

He looks for his key.

그는 열쇠를 찾고 있다.

She looks after children.

그녀는 어린이들을 보살핍니다.

불완전 자동사 : ……하게 보이다

He looks happy.

그는 행복하게 보입니다.

She looks beautiful in the dress.

그 드레스를 입은 그녀는 아름다워 보입니다.

The jacket looks great on you.

그 재킷이 당신에게 아주 잘 어울리는군요.

You look scared.

당신은 겁먹어 보이는군요.

She looks bored.

그녀는 지루해 보인다.

lose-lost-lost

완전 타동사 : ……을 잃다, (경기 따위에서) 지다

Did you lose your wallet?

지갑을 잃어버리셨나요?

He lost his job last month.

그는 지난달 직장을 잃었습니다.

She lost her son in the war.

그녀는 전쟁에서 아들을 잃었습니다.

I lost a lot of money in the business.

나는 사업에서 큰돈을 잃었습니다.

She lost weight.

그녀는 체중을 줄였습니다.

They lost the game.

그들은 시합에서 졌습니다.

He lost his brother to cancer.

그는 암으로 형을 잃었습니다.

I lose my appetite sometimes.

나는 때때로 식욕을 잃습니다.

읽어 보기

미국인들의 성품은 사교적이며 비교적 솔직하고 누구에게나 열린 마음을 갖고 있습니다. 또한 높은 독서율을 자랑하는데 그 때문인지 지적 수준이 높고 시사성과 상식도 풍부합니다. 대부분 매너가 좋고 지적 호기심도 강하며 대화 시 상대방의 의견을 존중해 줍니다. 낯선 사람과도 쉽게 친해지는 경향이 있으며 대화를 즐깁니다. 자존감이 높고 자신의 의사를 정직하게 피력하는 것을 사회적 덕목으로 삼고 있습니다.

미국인과 대화 시 상대방에게 호감을 주고 친밀한 대화를 위해서는,

1. 상대방의 눈을 가볍게 응시하며 밝고 친근한 표정을 유지합니다.
2. 상대방의 의견에 가급적 동의해 주며 긍정적 태도를 유지합니다.
3. 상대방의 말에 흥미를 가지고 끝까지 들어 줍니다.
4. 상대방의 외모나 옷차림을 칭찬해 줍니다.
5. 말을 할 때는 긴장하거나 서두르지 말고 늠름하고 여유 있게 대화합니다.
6. 몸을 불필요하게 움직이지 않도록 하고 반듯하고 의젓한 자세를 유지합니다.

대화하면서 다른 곳을 보거나 몸을 움직이는 행동 등은 믿을 수 없는 사람, 뭔가를 숨기고 있는 사람으로 오해 받을 수 있으므로 올바른 자세를 유지해야 합니다.

타인과 쉽게 대화하고 친구가 되기 위해서는 영어 실력도 중요하지만 미국의 역사와 문화에 대한 지식과 상식도 중요합니다. 인문학적 소양과 자기 계발을 위해서 항상 독서하는 습관을 가져야 합니다. 상식과 지식이 풍부할수록 대화의 폭이 넓어지기 때문입니다.

love-loved-loved

완전 타동사 : 사랑하다, ……을 매우 좋아하다

I love you.

나는 당신을 사랑합니다.

Everybody loves you.

모두가 당신을 사랑합니다.

We love our country.

우리는 조국을 사랑합니다.

Peace loves peace.

평화는 평화를 사랑한다.

She loves to cook.

그녀는 요리하는 것을 좋아합니다.

He loves to walk.

그는 걷는 것을 좋아합니다.

I love to study English.

나는 영어공부하는 것을 매우 좋아합니다.

She loves cooking.

그녀는 요리하는 것을 좋아합니다.

He loves walking.

그는 걷는 것을 좋아합니다.

I love studying English.

나는 영어공부하는 것을 좋아합니다.

You are loved(by me). (수동태)

당신은 나에 의해서 사랑 받습니다.

Our country is loved by us. (수동태)

우리나라는 우리들에 의해서 사랑 받는다.

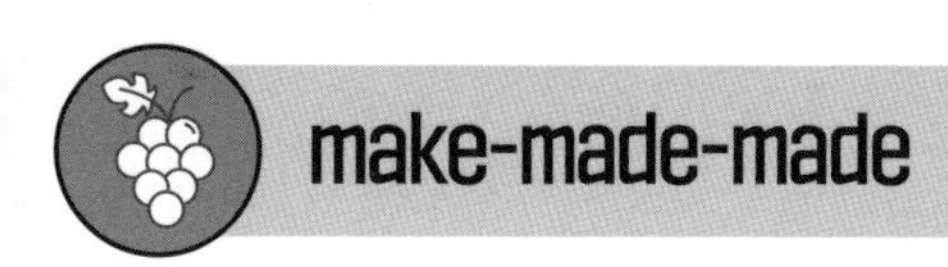

make-made-made

완전 타동사 : ……을 만들다

She makes coffee.

그가 커피를 만듭니다.

He made a lot of money.

그는 많은 돈을 벌었다.

The music makes a happy mind.

음악은 행복한 마음을 만듭니다.

Coffee is made(by her). (수동태)

커피는 (그녀에 의해서) 만들어진다.

수여 동사 : ……에게 ……을 만들어 주다

I will make you a cup of coffee.

내가 당신에게 커피를 만들어 주겠습니다.

Mom made me a dress.

어머니는 나에게 드레스를 만들어 주었습니다.

불완전 타동사 : ……을 ……하게 하다(……으로 만들다)

He made his son a doctor.

그는 그의 아들을 의사로 만들었다.

His diligence made him a millionaire.

그의 근면함이 그를 백만장자로 만들었습니다.

She makes everybody happy.

그녀는 모두를 행복하게 합니다.

His jokes make us cheerful.

그의 유머는 우리들을 기분 좋게 합니다.

Spring rain makes the grass grow.

봄비는 초목을 자라게 한다.

The sad movie makes me cry.

슬픈 영화는 나를 울립니다.

읽어 보기

대분분의 완전 타동사(문장의 3 형식)는 우리말로 '……을 하다'로 해석합니다.

love	……을 사랑하다	I love summer.	나는 여름을 사랑한다.
make	……을 만들다	She makes coffee.	그녀는 커피를 만든다
help	……을 돕다	He helps the poor.	그는 가난한 사람들을 돕는다.
say	……을 말하다	Who said it?	누가 그것을 말했죠?
find	……을 발견하다	I found the lost key.	나는 잃어버린 열쇠를 찾았다.
build	……을 건설하다	They build the house.	그들은 집을 짓는다.

그러나 모든 완전 타동사가 '……을 하다'로 해석하지는 않습니다. 완전 타동사들도 다음에서 보듯이 여러 가지로 해석합니다. 동사의 정확한 해석은 매우 중요하므로 사전을 통해서 그 뜻을 정확히 공부해야 어순에 맞는 문장과 올바른 해석을 할 수 있습니다.

feed	……에게 먹이를 주다	She feeds the children.	그녀는 어린이들에게 음식을 준다.
implore	……에게 간청하다	I implored him.	나는 그에게 간청했다.
advise	……에게 충고하다	He advised me.	그는 나에게 충고해 주었다.
Inform	……에게 알리다	They will inform you.	그들은 너에게 알려 줄 것이다.
assure	……에게 보장하다	He assured us.	그는 우리들에게 보장했다.
thank	……에게 감사하다	She thanks me.	그녀는 나에게 감사한다.
warn	……에게 경고하다	He warned her.	그는 그녀에게 경고했다.
reward	……에게 보답하다	I will reward you.	나는 너에게 보답할 것이다.
fight	……와 싸우다	I don't want to fight you.	나는 너와 싸우고 싶지 않다.
contract	……와 계약하다	We will contract the company.	우리는 그 회사와 계약할 것이다.

mind	……에 신경 쓰다	Please don't mind his words.	그의 말에 신경 쓰지 마세요.
resent	……에 분개하다	He resented her action.	그는 그녀의 행동에 분개했다.
consult	……의 의견을 구하다	You should consult the lawyer.	당신은 변호사의 의견을 구하세요.
Interest	……의 관심을 끌다	Music interests me.	음악은 나의 관심을 끈다.

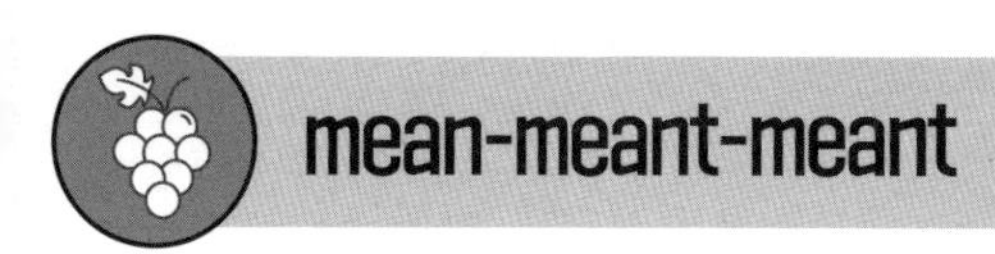

mean-meant-meant

완전 타동사 : ……을 의미하다, ……을 할 작정이다

I didn't mean it.
나는 그런 뜻이 아니었습니다.

She means everything to me.
그녀는 나에게 모든 것입니다.

What does this word mean?
이 단어는 무엇을 의미하는지요?

This sign means stop.
이 사인은 정지를 의미합니다.

He means to help you.
그는 당신을 도울 작정입니다.

I mean to study English.
나는 영어를 공부할 작정입니다.

I didn't mean to hurt your feeling.
당신의 기분을 나쁘게 할 생각은 아니었습니다.

Do you mean that we should wait a little longer?
우리가 좀 더 기다려야 한다고 생각하십니까?

I don't mean that she lies.
나는 그녀가 거짓말을 한다고는 생각지 않습니다.

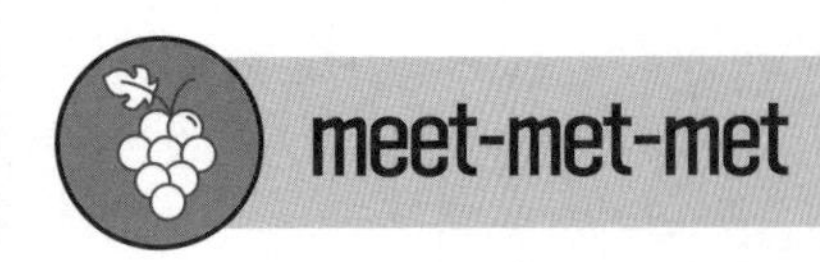

meet-met-met

완전 타동사 : ……을 만나다, ……을 소개하다

I met him.

나는 그를 만났다.

Can you meet me tonight?

오늘 밤 나를 만날 수 있어요?

We will meet you soon.

우리는 당신을 곧 만날 것이다.

Meet my wife, please.

제 부인을 소개합니다.

완전 자동사 : 만나다, 합쳐지다

They met in college.

그들은 대학에서 만났습니다.

My friends meet every month.

나의 친구들은 매달 만납니다.

We meet for lunch sometimes.

우리는 점심을 위해서 가끔 만납니다.

Where did you meet for the first time?

당신들은 어디서 처음 만났어요?

The two roads meet at the corner.

그 두 길은 모퉁이에서 만납니다.

All rivers meet in the ocean.

모든 강들은 바다에서 만납니다.

읽어 보기

외계인이 지구인과 소통하기 위해서 지구상에 단 하나의 언어를 선택한다면 그 언어는 영어라고 합니다. 영어가 미국이라는 강대국의 언어이기 때문이 아니고 영어의 높은 우수성과 효율성 그리고 누구나 쉽고 빨리 배울 수 있는 언어이기 때문이라고 합니다.

다음과 같은 영어의 효율성을 잘 이해하면서 공부하시기 바랍니다.

1. 단순하면서도 체계화된 문법

안정되고 체계적인 문법을 가지고 있는 언어는 누구나 배우기 쉽고 빨리 숙달됩니다.
영어는 초기 단계부터 규정과 규칙을 중시하면서 발전되어 온 언어로서 매우 간단하고 효율적인 문법 체계를 가지고 있습니다. 이러한 이유 때문에 영어는 인류의 공적 자산으로서 세계어가 되어 가고 있습니다.

2. 동사의 탁월한 기능

영어의 동사는 매우 탁월한 기능을 가지고 있습니다.
동사는 여러 문법적 기능을 가지고 있으며 동시에 여러 품사들의 역할을 할 수 있기 때문입니다. 이러한 이유로 영어는 100 개의 동사만 잘 활용하면 의사소통에 전혀 불편이 없는 언어입니다.

3. 하나의 단어가 여러 품사를 겸함

영어는 하나의 단어가 여러 품사를 겸하고 있습니다. 이것은 언어로서 매우 강력한 장점이 됩니다. 영어는 쉬지 않고 단어와 문장을 외울 필요가 없는 언어입니다. 영문학자들은 이러한 영어의 특성을 잘 이해하고 공부하면 1,000 개의 단어로도 훌륭한 영어를 구사할 수 있다고 말합니다.

move-moved-moved

완전 타동사 : ……을 옮기다, ……의 마음을 움직이다, ……을 감동시키다

I will move the boxes later.

나중에 상자들을 옮기겠습니다.

Who moves the piano?

누가 피아노을 옮기죠?

Nobody can move his decision.

아무도 그의 결심을 바꿀 수는 없습니다.

I can't move him.

나는 그의 마음을 움직일 수 없습니다.

Faith will move mountains.

신념은 산이라도 움직입니다.

The movie moved us.

그 영화는 우리를 감동시켰습니다.

The piano was moved by them. (수동태)

피아노는 그들에 의해 옮겨졌다.

We were moved by the movie. (수동태)

우리는 그 영화에 의해서 감동되었습니다.

완전 자동사 : 움직이다, 이사하다

The earth moves.

지구는 움직이고 있습니다.

Can you move a little bit?

조금만 움직여 주시겠어요?

They moved from Seoul to Busan.

그들은 서울에서 부산으로 이사했다.

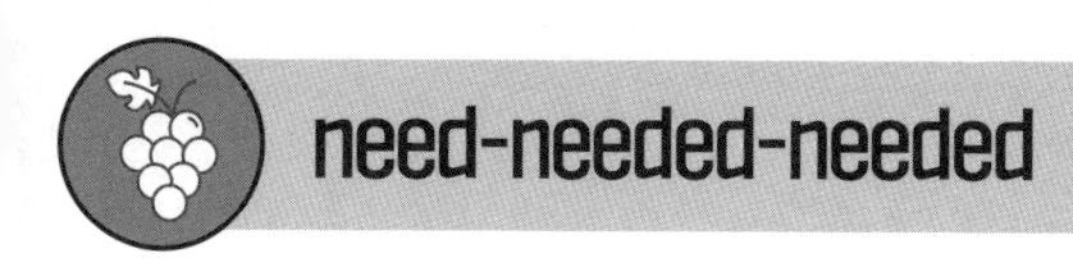

need-needed-needed

완전 타동사 : ……을 필요로 하다

Everybody needs love.

모두가 사랑을 필요로 합니다.

Soldiers will need weapons.

군인들은 무기를 필요로 할 것이다.

I need your help.

당신의 도움이 필요합니다.

My job needs patience.

내 직장 일은 인내심을 필요로 합니다.

This garden needs more flowers.

이 정원은 더 많은 꽃들이 필요합니다.

You need to make a reservation.

예약해야 합니다.

I need to go there.

나는 거기에 가야 한다.

Love is needed by everybody. (수동태)

사랑은 모두에게 요구됩니다.

Weapons will be needed by soldiers. (수동태)

무기들은 병사들에 의해서 요구될 것이다.

불완전 타동사 : ……이(가) ……할 필요가 있다, ……해 주기를 바란다

I need him to speak the truth.

나는 그가 진실을 말해 주었으면 합니다.

She needs me to finish the work.

그녀는 내가 그 일을 끝내 주었으면 합니다.

I need my car fixed.

나는 자동차를 수리시키겠다.

He needs the job done.

그는 그 일이 끝나기를 바란다.

읽어 보기

영어 실력과 영어 능숙도는 다릅니다.

영어 실력이란,
말하기, 듣기, 읽기, 쓰기에 대한 능력을 여러 가지 방법 또는 적절한 시험의 결과를 토대로 전반적인 영어 구사 능력을 평가해 주는 것이고,

영어 능숙도는,
미국에서의 일상생활 중 발생하는 여러 가지 상황에서 영어로 즉시 대처할 수 있는 능력을 의미합니다. 하고 싶은 말을 미리 준비하거나 연습하지 않는 상태에서 신속하고 정확하게 자신의 생각을 영어로 말하고 즉시 알아들을 수 있는 능력을 영어 능숙도라고 합니다.

신문과 전문서적을 읽을 수 있고 해석할 수 있는 영어 실력이 있다 해도 영어 능숙도가 낮다면 일상생활 수행에 당연히 어려움을 겪게 됩니다.

영어 능숙도가 높다면 미국 생활에 대한 적응 속도가 빨라지고 동시에 많은 혜택을(취업 기회, 지역 사회 참여, 취미생활, 친구 만들기, 여행 등) 얻을 수 있는 것이 미국 생활의 현실입니다.

영어 능숙도를 높이기 위해서는 일상생활에서 반복적으로 사용되는 기본 단어들과 짧고 쉬운 문장들을 원어민 수준이 될 때까지 연습해야 합니다. 이런 노력을 통해서 긴 문장이 점차 쉬워지고 대화에 여유가 생기며 상대방으로 하여금 영어 구사자라는 믿음을 갖게 합니다.

원어민들의 평균 말하기 속도는 분당 약 150~200 단어 정도입니다.
그들과의 자연스런 대화를 위해서는 그들의 속도에 맞춰서 말하고 알아들을 수 있어야 합니다.

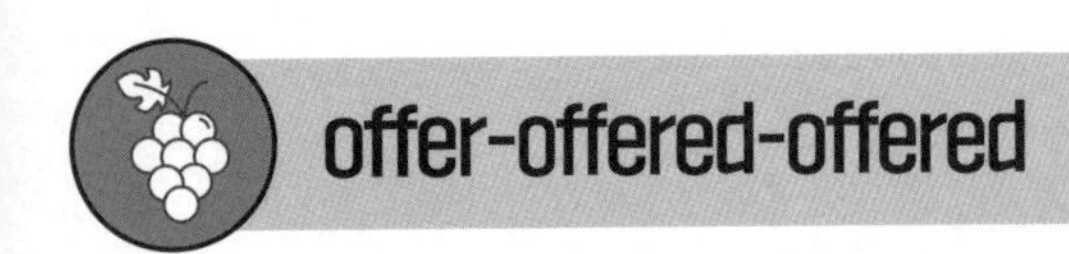

offer-offered-offered

완전 타동사 : ……을 제안하다, ……을 제공하다, (금액을) 부르다

He offered a job.

그가 직장을 제안했습니다.

The rich man offered charity.

그 부자는 기부금을 제공했다.

The restaurant offers discount to seniors.

그 식당은 노인들에게 할인을 제공합니다.

He offered five thousand dollars for his car.

그는 그의 자동차 값으로 5,000 불을 불렀다.

He offers to help the poor.

그는 가난한 사람들을 돕겠다고 제안한다.

She offered to take me to the concert.

그녀는 나를 음악회에 데려가겠다고 제안했다.

수여 동사 : ……에게 ……을 제안하다(제공하다)

He offered me a better position.

그는 나에게 더 좋은 직급을 제안했다.

My company offers us health insurance.

우리 회사는 건강보험을 제공해 줍니다.

I was offered a better position(by him). (수동태)
그는 나에게 더 좋은 직급을 제안했다.

A better position was offered to me(by him). (수동태)
나에게 더 좋은 직급이 제안되었다(그에 의해서).

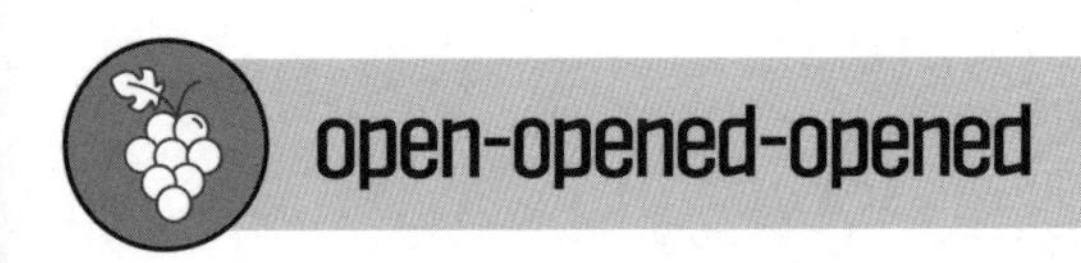

open-opened-opened

완전 타동사 : ……을 열다, ……을 개방하다

Open your eyes please.
눈을 떠 보세요.

She opened her bag.
그녀는 가방을 열었다.

He opend the letter.
그는 편지를 개봉했다.

He will open another restaurant.
그는 식당을 하나 더 개업할 것입니다.

I opened my checking account at the bank.
나는 은행에서 계좌 하나를 열었습니다.

The city hall opens the park every day.
시청은 매일 공원을 개방합니다.

The letter was opened(by him). (수동태)
편지는 그에 의해서 개봉됐다.

완전 자동사 : 시작되다, 열리다

School opens today.
학교가 오늘 시작됩니다.

The store opens at 9 am.

가게는 아침 9 시에 열립니다.

The window doesn't open well.

이 창문은 잘 열리지 않는군요.

Many doors open when a door closes.

하나의 기회가 닫힐 때 수많은 기회가 열립니다.

읽어 보기

언어 구사 능력과 심리적 상태는 불가분의 관계에 있습니다.
마음이 자신감으로 차 있고 실수를 두려워하지 않으며 감정에 쉽게 동요되지 않는다면 언어 숙달과 회화에 큰 도움이 됩니다.

반대로 불필요한 긴장과 실수를 걱정하는 마음이 크면 클수록 영어 실력이 아무리 좋아도 회화 실력이 향상되지 않습니다.

대화를 잘하기 위해서는 무엇보다도 마음의 평정심을 유지하면서 자신감을 갖고 대화해야 합니다. 말을 많이 하는 것보다 상대방의 말을 경청할 때 심리적 여유가 생기며 영어 실력도 향상된다고 합니다.

대화 시에는 'sure, of course, I think so, I agree, you are right, it is true, that is right. I believe so, I guess so, that is what I think, sure thing' 등으로 맞장구를 쳐 주세요. 맞장구는 심리적 안정감과 화화 실력도 향상시켜 줍니다.

상대방의 말을 못 알아들었다면 미안해하지 말고,
'Excuse me, I am sorry, I beg your pardon, Say it again please, Come again(말끝을 살짝 올려 줌)', 'What was that?' 또는 'Can you speak it one more time please?', 'I am sorry, I don't understand it, I couldn't get it, I didn't hear you, I didn't catch it' 이러한 표현들을 사용하여 다시 한번 말해 달라고 부탁하십시오. 같은 말을 반복해서 들으면 확실하게 이해되며 회화에 자신감도 생깁니다.

올바른 대화의 태도는 바른 자세로 평정심을 유지하면서 상대방의 말을 성의 있게 듣는 것입니다. 상대방의 말을 존중하면서 경청하는 자세야말로 영어 실력 향상의 지름길입니다.

pay-paid-paid

완전 타동사 : ……을 지불하다, ……을 치르다

He paid $500.

그는 500 불을 지불했다.

Did you pay the rent?

당신은 월세를 지불했습니까?

She will pay the bill.

그녀가 계산을 할 것입니다.

I paid $100 for the watch.

나는 시계를 위해서 100 불을 지불했습니다.

We pay her for her service.

우리는 그녀에게 수고료를 지불합니다.

수여 동사 : ……에게 ……을 지불하다

He paid me $100.

그는 나에게 100 불을 지불했습니다.

I will pay him the wage.

나는 그에게 임금을 지불할 것이다.

The company paid us bonuses.

회사는 우리들에게 보너스를 지불했다.

Bonuses were paid to us by the company. (수동태)
보너스는 우리들에게 지불되었다(회사에 의해서).

We were paid bonuses by the company. (수동태)
우리들에게 보너스가 지불되었다(회사에 의해서).

완전 자동사 : 대금을 지불하다

He will pay.
그가 대금을 지불할 것입니다.

I paid for the book.
나는 그 책 값을 지불했습니다.

완전 타동사 : ……을 연주하다, (경기를) 하다, ……을 상연하다

She plays the piano.

그녀는 피아노를 연주합니다.

I played golf yesterday.

나는 어제 골프를 즐겼습니다.

The theater plays "Gone with the Wind".

그 극장은 "바람과 함께 사라지다"를 상연하고 있습니다.

The band will play "Arirang".

그 악단은 "아리랑"을 연주할 것입니다.

He played Hamlet in the movie.

그는 그 영화에서 햄릿 역을 맡았습니다.

Piano is played by her. (수동태)

피아노는 그녀에 의해서 연주됩니다.

Arirang will be played by the band. (수동태)

아리랑은 그 밴드에 의해서 연주될 것이다.

완전 자동사 : 놀다, 연기하다, 상연되다

Children play.

어린이들이 놀고 있습니다.

The actor played in many movies.

그 배우는 많은 영화에 출연했습니다.

The movie will play at the cinema next month.

그 영화는 다음 달 그 극장에서 상연될 것입니다.

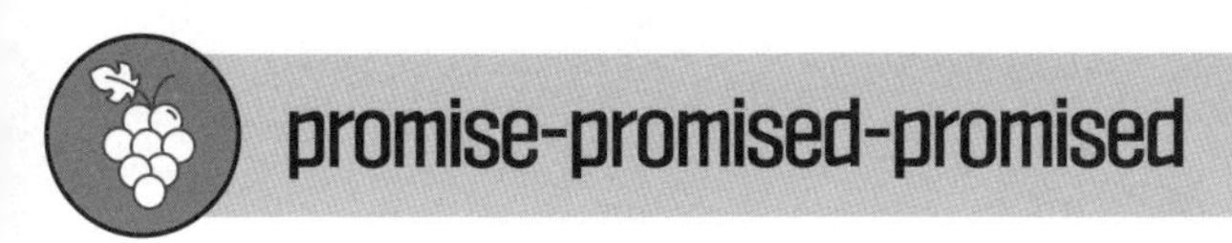

promise-promised-promised

완전 타동사 : ……을 약속하다

He promised donation.

그는 기부를 약속했습니다.

We promise a victory.

우리는 승리를 약속합니다.

He promised to work harder.

그는 더 열심히 일할 것을 약속했습니다.

I promise to help them.

나는 그들을 도울 것을 약속합니다.

He promised that he would call me.

그는 나에게 전화하겠다고 약속했습니다.

I promise that I will do my best.

나는 최선을 다할 것을 약속합니다.

Donation was promised(by him). (수동태)

기부는 그에 의해서 약속되었습니다.

수여 동사 : ……에게 ……을 주겠다고 약속하다

He promised the children books.

그는 어린이들에게 책들을 사 주겠다고 약속했습니다.

I promised him a bike.

나는 그에게 자전거를 사 주겠다고 약속했습니다.

He promised me that he would send money.

그는 돈을 보내겠다고 나에게 약속했습니다.

I promise you that everything will be fine.

모든 것이 좋아질 것이라고 당신에게 약속합니다.

읽어 보기

영어는 세계에서 가장 영향력 있는 언어이며 오늘날 영어가 갖는 위상은 상상을 초월합니다.

영어가 국가 간의 외교와 통상 그리고 비지니스 및 학계의 언어로 자리매김한 것은 오래 전 일이며 무엇보다도 가장 중요한 20 개 국제 기구의 공식 언어가 영어입니다.

영어가 국제 사회에서의 공적인 역할과 영향력은 말할 것도 없지만 지구촌 위의 개개인에게 미치는 영향 또한 지대하다고 볼 수 있습니다. 영어가 가능한 사람들에게는 **다음과 같은 기회와 혜택을 갖게 될 것입니다**.

1. 소통의 기회

세상은 여전히 넓고 가 볼 곳도 많습니다. 이 세상의 어딜 가도 의사소통이 가능한 유일한 언어는 영어입니다. 지구상의 영어 사용자 수(영어를 모국어 또는 공용어로 사용하는 인구)는 약 11 억 4 천만 정도이며 그외 약 20 억 명 정도가 영어를 열심히 공부하고 있다고 합니다.
영어는 이제 단순히 외국어 영역을 넘어 전 세계인과의 소통 수단이 되어 가고 있습니다.

2. 취업과 사업의 기회

영어를 잘하면 미국 내뿐만 아니라 세계 어디서든 취업의 기회를 가질 수 있습니다. 자국 내에서도 단순한 수출입 분야가 아닌 관광업과 문화 사업, 최첨단 기술 및 반도체 산업 각종 금융 상품 거래 등 여러 가지 사업에 진출할 수가 있습니다.

3. 교육의 기회

인터넷을 통한 배움의 기회는 무궁무진합니다. 세계의 많은 대학과 교육기관은 영어로 학습을 진행합니다. 영어만 잘하면 한국 내에서도 외국 유수 대학의 강의를 들을 수 있으며 학위 취득도 가능합니다.

4. 정보와 기술 습득의 기회

실생활에 필요한 정보와 상식, 기술 습득을 위한 기회는 구글 등을 통해 언제든 손쉽게 획득할 수가 있습니다. 구글뿐만 아니라 유튜브 및 인터넷 강좌 등을 통해서 수시로 접할 수 있으며 전문 website를 통해서 특별하고 새로운 기술의 습득이 얼마든지 가능합니다.

5. 문학 작품을 즐길 수 있는 기회

세계적인 문학 작품은 여전히 영어권에서 많이 나오고 있습니다. 영어가 가능하다면 세계의 신간 베스트셀러뿐만 아니라 고전과 명작들을 영어로 즐길 수 있습니다.

6. 국경을 초월한 쇼핑(shopping)의 기회

국가마다 특정한 상품을 싸게 팔기도 하고 다른 지역에서 살 수 없는 특산품을 팔기도 합니다.

online으로 국경을 초월하여 양질의 최신 상품들과 특산품을 구입할 수 있습니다.

put-put-put

완전 타동사 : ……을 두다, ……을 내려놓다

He put the books on the desk.

그는 책들을 책상 위에 내려놓았습니다.

Where did you put the box?

그 상자를 어디다 두었죠?

He puts the money into the land.

그는 돈을 땅에 투자합니다.

She put the ad in the newspaper.

그녀는 신문에 광고를 냈습니다.

Put it down please.

그것을 내려놓으세요.

Please put your name and phone number on the application.

신청서에 이름과 전화번호를 적어 주시기 바랍니다.

Music puts us in a good mood.

음악은 우리를 기분 좋게 합니다.

He put me in charge of the department.

그는 나를 그 부서의 책임자로 임명했습니다.

The cop put him in jail.
경찰은 그를 감옥에 가두었습니다.

The money was put into the land(by me). (수동태)
돈은 (나에 의해서) 토지에 투자되었습니다.

I was put in charge of the department(by him). (수동태)
나는 (그에 의해서) 그 부서의 책임자로 임명되었습니다.

read-read-read

완전 타동사 : ……을 읽다

He reads books.

그는 책을 읽는다.

I read the newspaper every morning.

나는 매일 아침 신문을 읽습니다.

She can read French.

그녀는 불어를 읽을 수 있습니다.

You should read the instruction first.

먼저 설명서를 읽으세요.

I can read your mind.

나는 당신의 마음을 읽을 수 있습니다.

수여 동사 : ……에게 ……을 읽어 주다

She reads the children a story.

그녀는 어린이들에게 이야기를 읽어 줍니다.

Would you read me the letter?

저에게 편지를 읽어 주시겠어요?

완전 자동사 : 책을 읽다, 읽어 주다

He reads all the time.

그는 항상 독서합니다.

I read about the accident.

나는 그 사고에 관해서 읽었습니다.

She read to us.

그녀는 우리들에게 책을 읽어 줍니다.

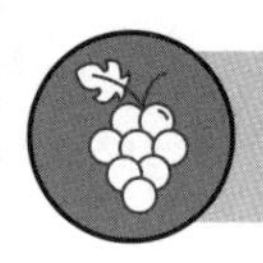

remember-remembered-remembered

완전 타동사 : ……을 기억하다, ……을 상기하다

She remembers me.

그녀는 나를 기억하고 있습니다.

I will remember you in my heart.

나는 당신을 나의 마음속에 기억할 것입니다.

He remembers the accident

그는 그 사건을 기억하고 있습니다.

We remember that he was brave.

우리는 그가 용감했던 것을 기억하고 있습니다.

They remember that she used to work so hard.

그들은 그녀가 열심히 일했던 것을 기억하고 있습니다.

I remember to call her.

나는 그녀에게 전화할 것을 기억하고 있습니다. (미래의 일 to 부정사)

I remember calling her.

나는 그녀에게 전화한 것을 기억하고 있습니다. (과거에 행한 일 동명사)

She remembers how to play chess.

그녀는 체스 게임 방법를 기억하고 있습니다.

He remembers what to do.
그는 무엇을 해야 할지 알고 있습니다.

I remember where I met him.
나는 어디서 그를 만났는지 기억하고 있습니다.

I don't remember who he is.
나는 그가 누구인지 기억이 나지 않는군요.

You will be remembered in my heart(by me). (수동태)
당신은 나의 마음속에 기억될 것입니다(나에 의해서).

The accident is remembered by him. (수동태)
그 사건은 그에 의해서 기억된다.

불완전 타동사 : ……이 ……한 것을 기억하고 있다

We remember him working hard.
우리는 그가 열심히 일한 것을 기억하고 있습니다.

I remember the lady singing and dancing at the party.
나는 그녀가 파티에서 춤추고 노래한 것을 기억하고 있습니다.

We remember him as a great baseball player.
우리는 그를 훌륭한 야구선수로 기억하고 있습니다.

읽어 보기

영어는 미국인(native speaker) 선생님에게 배우는 것이 더 효과적이라 생각한다면 이것은 잘못된 생각입니다. 영어는 영어를 잘하는 한국인 선생님에게 배우는 것이 훨씬 효과적입니다.

한국인 영어 선생님의 장점은,

1. 학생과 같은 모국어를 사용하므로 수업 진행을 위한 의사소통에 불편이 없고,
2. 학생들의 질문 의도와 실력 향상을 정확히 파악할 수 있습니다.
3. 한국인 영어 선생님은 영어공부를 하면서 자신이 습득한 노하우와 경험 그리고 시행착오를 학생들과 공유할 수 있으며,
4. 선생님과 학생은 같은 한국인으로서 동일한 문화와 정서, 사회적 관습 등을 공유하기 때문에 언어에 수반되는 문화적 설명이 가능하고,
5. 같은 언어를 사용하므로 선생님과 학생 간의 심리적 압박감과 긴장감이 줄어듭니다.

미국인 선생님이 한국어에 능숙할지라도 한국인과는 전혀 다른 문화와 정서, 사고 방식과 가치관을 가지고 있기 때문에 미국인은 한국인 선생님과 같은 장점을 결코 가질 수 없습니다.

같은 이유로 미국인이 한국어를 배울 때는 영어 잘하는 한국인 선생님에게 배우지 않고 한국어를 잘하는 미국인 선생님에게 배우는 것을 원칙으로 합니다.

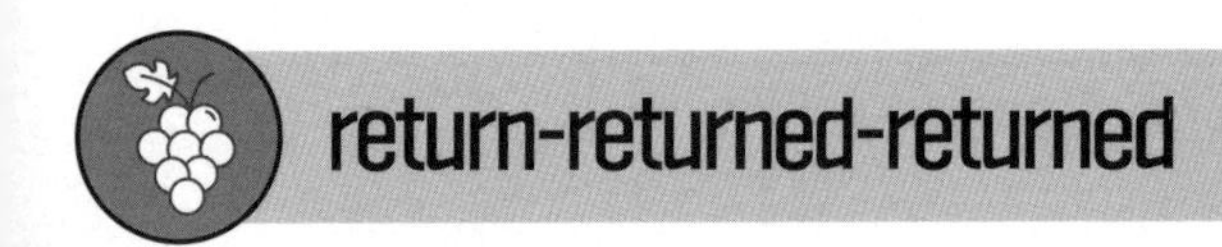

완전 타동사 : ……을 돌려주다, ……을 반환하다

He didn't return my bike.

그는 내 자전거를 돌려주지 않았습니다.

She returned the books to me.

그녀는 나에게 책을 돌려주었습니다.

Can I return the jacket?

이 상의를 반환할 수 있습니까?

The books were returned to me(by her). (수동태)

그책들은 나에게 반환되었습니다(그녀에 의해서).

My bike was not returned(by him).

나의 자전거는 반환되지 않았습니다(그에 의해서).

완전 자동사 : 돌아가다, 돌아오다

He returned to Canada.

그는 캐나다로 돌아갔습니다.

She returned from Japan.

그녀는 일본에서 돌아왔습니다.

He will return from his vacation tomorrow.

그는 내일 휴가에서 돌아올 것입니다.

When the pain returns, please take this pill.
또 아프면 이 약을 드세요.

Spring returns after winter is over.
겨울이 지나면 봄이 옵니다.

Everything will return to normal soon.
모든 것이 곧 정상으로 돌아올 것이다.

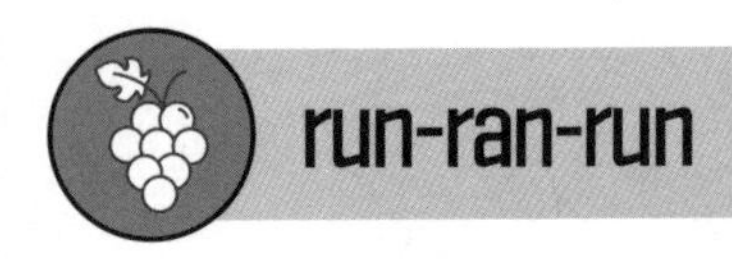

run-ran-run

완전 타동사 : ……을 운영하다, ……을 달리게 하다, (기계 따위를) 작동하다

He runs a big business.

그는 큰 사업체를 운영합니다.

My cousin runs five hotels.

나의 사촌은 5 개의 호텔을 경영합니다.

I run my dogs sometimes.

나는 때때로 나의 개들을 달리게 합니다.

The factory runs heavy machines.

그 공장은 무거운 기계들을 작동시킵니다.

The police ran his background.

경찰은 그의 경력을 조사했습니다.

완전 자동사 : 달리다, 운행되다, (선거 따위에) 출마하다

I run three miles a day.

나는 매일 3 마일 달립니다.

The bus runs every 20 minutes.

그 버스는 20 분 간격으로 운행됩니다.

The train runs on time.

기차는 정시에 운행됩니다.

The car is running beautifully.
그 자동차가 근사하게 달리는군요.

My business runs great.
내 사업체는 잘돼 가고 있습니다.

He will run for Congress.
그는 국회의원에 출마할 것이다.

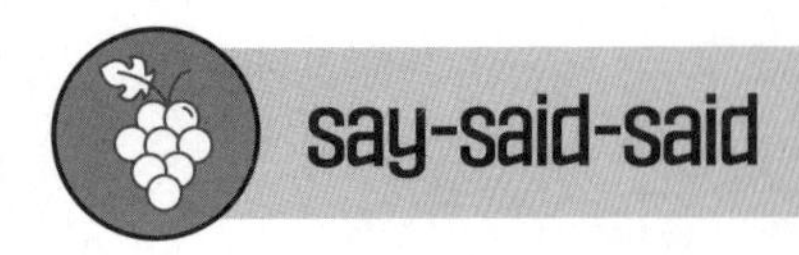

say-said-said

완전 타동사 : ……을 말하다, ……을 표현하다

She said many things.

그녀는 많은 것을 말했다.

They said nice words about me.

그들은 나에 대해서 좋은 말을 해 주었다.

Please say hello to your mother.

당신의 어머니에게 안부를 전해 주세요.

He says the story for the children.

그는 어린이들을 위해서 이야기를 들려준다.

Say it with flowers.

꽃으로 마음을 전하세요.

People say that spring is around the corner.

봄이 멀지 않았다고 사람들이 말하는군요.

He said that he would start a new business.

그는 새 사업을 시작하겠다고 말했다.

He doesn't say why he broke the promise.

그가 약속을 어긴 이유를 말하지 않는군요.

I will say how I made fortune.
어떻게 내가 큰돈을 벌었는지 말하겠다.

Many things were said(by her). (수동태)
많은 것들이 (그녀에 의해서) 말하여졌다.

Nice words were said about me(by them). (수동태)
나에 관한 좋은 말들이 전해졌다(그들에 의해서).

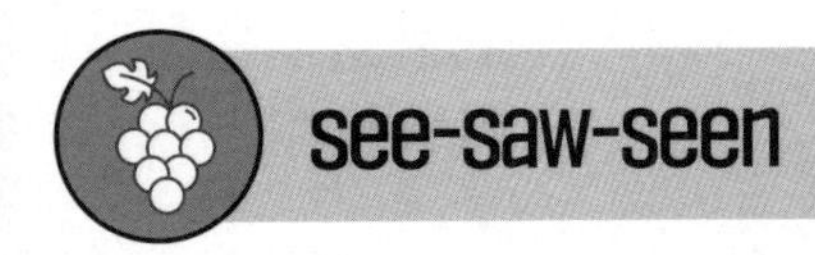

see-saw-seen

완전 타동사 : ……을 보다, ……을 만나다, ……을 이해하다, ……을 깨닫다

I saw tigers at the zoo.

나는 동물원에서 호랑이들을 봤습니다.

Can I see the picture please?

그 사진 좀 볼 수 있을까요?

I will see a doctor tomorrow.

나는 내일 의사를 만날 것입니다.

I don't see your point.

당신의 요점을 모르겠군요.

We see that he is a good man.

그는 좋은 사람이군요.

I see that they would come back soon.

그들이 곧 돌아올 것 같은데요.

I see why she left him.

그녀가 왜 그를 떠났는지 알겠군요.

I see who he is.

그가 누구인지 알겠습니다.

불완전 타동사 : ……이 ……하는 것을 보다

I saw him go(going) out.

나는 그가 외출하는 것을 보았다.

You will see him play(playing) the piano on the stage.

당신은 그가 무대 위에서 피아노를 연주하는 것을 볼 것이다.

Did you see the band march(marching)?

밴드가 행진하는 것을 보았습니까?

읽어 보기

부사는 우리말로 '……히, ……시, ……리, ……게, ……에, ……로, ……서' 등으로 해석하며 주로 동사를 수식합니다. 현재분사형도 부사가 되어 동사를 수식합니다. 부사는 한 문장에서 2 개 이상 있을 수도 있습니다.

다음에서는 괄호 안의 현재분사형이 부사가 되어 동사를 수식하고 있습니다.

I met him (walking) down the street. (walking이 동사 met 수식)
길을 (걷다가) 그를 만났다.

She cried (hugging) me. (hugging이 동사 cried 수식)
그녀는 나를 (포옹하면서) 울었다.

He talks over the phone (drinking) coffee. (drinking이 동사 talks 수식)
그는 커피를 (마시면서) 전화로 말한다.

He reads a book (enjoying) the music. (enjoying이 동사 reads 수식)
그는 음악을 (즐기면서) 독서한다.

I didn't have trouble much (solving) the problems. (solving이 동사 didn't have 수식)
나는 그 문제를 (푸는 데) 많은 어려움은 없었다.

She smiles all the time (looking) at her baby. (looking이 동사 smiles 수식)
그녀는 아기를 (바라보면서) 항상 미소 짓는다.

My son fell asleep (waiting) for me. (waiting이 동사 fell 수식)
내 아들은 나를 (기다리다) 잠들었다.

They stand (watching) the sunset. (watching이 동사 stand 수식)
그들은 일몰을 (바라보면서) 서 있다.

He came to school (running). (running이 동사 came 수식)
그는 (달려서) 학교에 왔다.

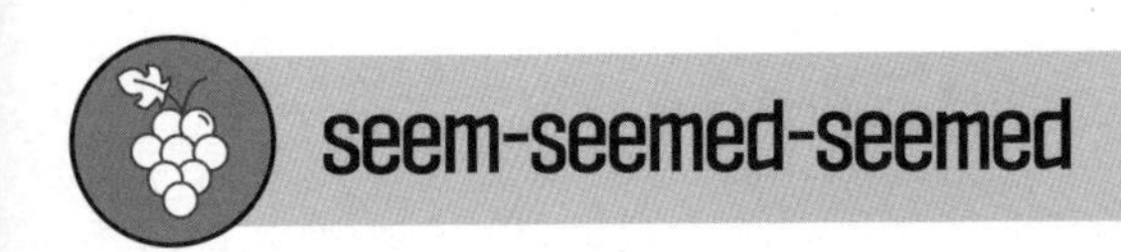

불완전 자동사 : ……인 것 같다, ……으로 생각되다

He seems happy.

그는 행복해 보입니다.

She seemed (to be) kind.

그녀는 친절해 보였습니다.

He seems surprised.

그는 매우 놀라 보입니다.

They seem delighted.

그들은 기뻐하는 것 같다.

He seems to like her.

그는 그녀를 좋아하는 것 같습니다.

They seemed to know me.

그들은 나를 알고 있는 것 같았다.

It seems that he is talkative.

그는 말이 많은 사람인 것 같다.

It seems that she speaks the truth.

그녀는 진실을 말하는 것 같다.

It seems like everything is going well.

모든 것이 잘돼 가는 것 같습니다.

It seems like they argue all the time.

그들은 항상 다투는 것 같습니다.

읽어 보기

1. 관계 대명사는 접속사와 대명사의 역할을 겸하므로 두 개의 문장을 하나의 문장으로 만들어 주는 구실을 합니다

I have a friend. 나는 친구가 있다.

He lives in Boston. 그 친구는 보스턴에 살고 있다.

관계 대명사 who가 두 개의 문장을 하나의 문장으로 만들어 줍니다.

I have a friend who lives in Boston. 나는 보스턴에 살고 있는 친구가 있다.

She makes cakes. 그녀는 케이크를 만든다.

He likes it. 그는 그 케이크를 좋아한다

관계 대명사 that이 두 개의 문장을 하나로 만들어 줍니다.

He likes cakes that she makes. 그는 그녀가 만든 케이크를 좋아한다.

2. 관계 대명사는 이러한 용법 외에도 문장을 명사화합니다. 명사화된 문장은 명사로서 문장의 주어, 목적어, 보어로 사용됩니다. 유창한 회화를 위해서는 이러한 용법을 잘 활용할 줄 알아야 합니다

The boy studies English very hard. 문장 : 그 소년은 영어를 아주 열심히 공부한다.

The boy who studies English very hard. 명사 : 영어를 아주 열심히 공부하는 소년.

My friend's father is a doctor.	문장 : 내 친구의 아버지는 의사다.
My friend whose father is a doctor.	명사 : 아버지가 의사인 내 친구.
She bought the bag three years ago.	문장 : 그녀는 그 가방을 3 년 전에 샀다.
The bag that she bought three years ago.	명사 : 그녀가 3 년 전에 산 그 가방.
People talk about the accident.	문장 : 사람들이 그 사고에 대해서 말한다.
The accident that people talk about.	명사 : 사람들이 말하는 그 사고.
The dogs run fast.	문장 : 그 개들은 빨리 달린다.
The dogs that run fast.	명사 : 빨리 달리는 그 개들.
I love the man.	문장 : 나는 그 남자를 사랑한다.
The man that I love.	명사 : 내가 사랑하는 그 남자.

send-sent-sent

완전 타동사 : ……을 보내다

I sent the package yesterday.
나는 어제 소포를 보냈습니다.

Did you send the money?
돈을 보냈나요?

He will send the flowers to me.
그는 나에게 꽃들을 보낼 것이다.

They sent doctors to Africa.
그들은 의사들을 아프리카로 보냈다.

The flowers will be sent to me(by him).
꽃들은 나에게 (그에 의해서) 보내질 것이다.

Doctors were sent to Africa(by them).
의사들은 아프리카로 보내졌다(그들에 의해서).

수여 동사 : ……에게 ……을 보내다

Would you send me the books?
나에게 책들을 보내 주시겠어요?

I sent him the information.
나는 그에게 정보를 보내 주었다.

The company will send all the customers Christmas cards.
그 회사는 모든 고객들에게 성탄카드를 보낼 것이다.

완전 자동사 : 사람을 부르러 보내다

I sent for a doctor.
나는 의사를 부르러 사람을 보냈다.

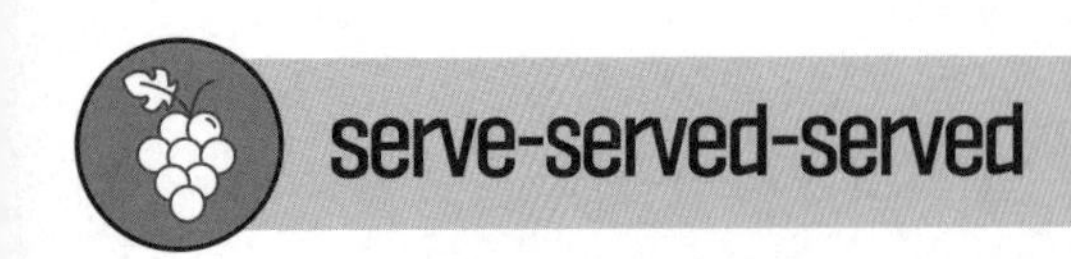

serve-served-served

완전 타동사 : ……을 섬기다, ……을 위해 일하다, (음식을) 제공하다

The waiters serve customers.

웨이터들이 손님들을 위해 봉사합니다.

Christians serve the Lord.

기독교인들은 주 하나님을 섬깁니다.

She will serve dinner.

그녀는 저녁을 준비할 것이다.

The community serves the homeless.

지역사회는 노숙자들을 보살핍니다.

The airline serves twenty cities.

그 항공회사는 20 개 도시에 취항합니다.

The hotel serves breakfast.

그 호텔은 아침식사를 제공합니다.

Dinner will be served(by her). (수동태)

저녁식사는 준비될 것이다(그녀에 의해서).

The homeless are served by the community. (수동태)

노숙자들은 (지역사회에 의해서) 보살핌을 받습니다.

완전 자동사 : 봉사하다, 근무하다

He served in the army.

그는 육군에서 복무했습니다.

She serves in the Peace Corps.

그녀는 평화 봉사단에서 일합니다.

불완전 자동사 : ……로서 봉사하다

My uncle serves as a police officer.

나의 아저씨는 경찰로서 봉사합니다.

set-set-set

완전 타동사 : ……을 놓다, ……을 정돈하다, ……을 결정하다, ……을 고정시키다

He set the books down.

그는 책들을 내려놓았다.

Did you set the vase on the table?

책상 위에 꽃병을 놓았습니까?

Mom sets the table.

어머니는 식탁을 정돈합니다.

Did you set the place and date for your wedding?

결혼식을 위해 장소와 날짜를 정하셨나요?

He sets the machine on the spot.

그는 기계를 그 위치에 고정시킨다.

I set the alarm for 6 AM.

나는 아침 6 시에 알람을 고정시킨다.

불완전 타동사 : ……을 ……한 상태로 하다

The truth will set you free.

진리가 당신을 자유롭게 할 것입니다.

His questions set me thinking.

그의 질문은 나를 생각에 잠기게 한다.

완전 자동사 : (해가) 지다, 저물다, 굳어지다

The sun set.

해가 졌습니다.

The blood sets.

피는 응고됩니다.

읽어 보기

동일한 문장의 형식과 같은 문형을 만드는 동사들을 하나의 group으로 묶어서 공부하면 훨씬 효과적입니다.

1. 2 형식 문장을 만드는 대표적인 불완전 자동사들

주격보어는 명사와 형용사 그 상당어구입니다.

be, become, look, smell, sound, taste, come, go, turn, get, grow 등

2. 4 형식을 만드는 대표적인 수여 동사들

수여 동사의 간접 목적어와 직접 목적어는 명사와 대명사 그리고 그 상당어구입니다.

(다음의 수여 동사들은 완전 타동사(문장의 3 형식)로 사용할 수 있습니다.)

give, pay, send, buy, make, bring, cut, lend, teach, tell, show, promise, fix, bring, drop, cook, recommend, forgive, order, read, prepare, deny, offer, sell, get, write, ask 등

3. 5 형식을 만드는 대표적인 불완전 타동사들

불완전 타동사의 목적보어는 명사, 대명사, 과거분사, 현재분사, 부정사, 동사의 원형입니다.

call, elect, make, keep, set, want, tell, expect, allow, ask, cause, encourage, like, force, need, press, push, require, warn, write, advise, enable, see, hear, feel, let, make, have, help, watch, notice, smell, find, catch, get, direct, inspire, beg 등

show-showed-shown

완전 타동사 : ……을 보여 주다, ……을 보이다

She showed the album.

그녀는 앨범을 보여 주었다.

Please show your ticket.

티킷을 보여 주세요.

The man never shows his feelings.

그 사람은 결코 감정을 나타내지 않는다.

The letter shows their plot.

그 편지는 그들의 음모를 폭로하고 있다.

The map shows that the river is very long.

지도는 그 강이 매우 길다는 것을 보여 준다.

The test shows that she has cancer.

그 검사는 그녀가 암에 걸렸다는 것을 나타낸다.

수여 동사 : ……에게 ……을 보여 주다(설명하다)

She showed us many pictures.

그녀는 우리들에게 많은 그림들을 보여 주었다.

We were shown many pictures by her. (수동태)

우리들에게 많은 사진이 보여졌다(그녀에 의해서).

Many pictures were shown to us by her. (수동태)
많은 사진이 우리들에게 보여졌다(그녀에 의해서).

Can you show me your ID, please?
나에게 당신의 신분증을 보여 주시겠어요?

He shows me that the report is correct.
그는 그 보고서가 옳다는 것을 나에게 증명해 준다.

She shows us that she did her best.
그녀는 우리들에게 최선을 다했다고 설명한다.

He shows me where he works.
그는 어디서 일하는지 나에게 말해 준다.

I will show you what this is.
나는 너에게 이것이 무엇인지 보여 주겠다.

She showed us how to make cake.
그녀는 우리들에게 케이크 만드는 방법을 설명해 주었다.

Can you show me where to park my car?
내 자동차를 어디에 주차할지 말해 주시겠어요?

완전 자동사 : 나타나다, 모습을 보이다

His anger shows on his face.
그의 분노가 얼굴에 나타난다.

She showed up at the party.
그녀는 파티에 나타났다.

sit-sat-sat

완전 타동사 : ……을 앉히다, ……을 착석시키다

She sits the baby on the chair.
그녀는 아기를 의자에 앉힙니다.

Please sit the elderly first.
먼저 나이 드신 분들부터 앉히세요.

The meeting room sits thirty people.
그 회의실은 30 명을 수용합니다.

완전 자동사 : 앉다, 앉아 있다

Please sit down.
착석해 주세요.

The children sat around the teacher.
어린이들은 선생님 주위에 앉았다.

Don't sit on the chair too long.
의자에 너무 오랫동안 앉아 있지 마세요.

The birds sit on the branch.
새들이 나뭇가지 위에 앉아 있습니다.

He sits in the rocking chair.
그는 흔들의자에 앉아 있습니다.

Sit back and relax.
편안하게 앉아서 쉬세요.

읽어 보기

영어는 철자와 발음이 다른 언어입니다. 영어의 철자만 가지고는 발음을 배울 수 없습니다. 영어를 배우는 모든 사람들은(원어민 포함) 발음기호를 통해서 단어의 발음을 배워야 합니다.(우리가 배우는 영어 발음기호는 국제음성기호 IPA이며 원어민이 사용하는 발음 기호와는 약간 다름)

여기서 소개하는 발음들은 한국인에게 쉽게 구별되지 않고 비슷하게 들리므로 충분히 연습한 후 정확히 구별해서 사용해야 합니다.

1. L 과 R

- L 발음 : 혀가 입천장에 잠깐 붙어 있는 느낌을 가져야 합니다. 혀를 입천장에 확실하게 붙이면서 발음합니다.
  like, lion, large, last, laugh, leak, light, line, local, love, lamp, long 등

- R 발음 : L 발음과 비슷하지만 R 발음은 혀가 입천장에 닿아서는 안 됩니다. 혀가 입천장에 닿지 않기 위해서는 입술을 앞으로 쭈욱 내밀면서 발음하면 혀가 입천장에 저절로 닿지 않게 됩니다. R 발음은 혀의 움직임을 통해서 만들어지는 것이 아니고 입술의 움직임을 통해서 자연스럽게 만들어집니다.
  right, river, ride, rise, risk, rival, rock, room, rope, rod, rain, raw, ring, rest 등

2. B 와 V

- B 발음 : 윗입술과 아랫입술이 가볍게 붙어 있는 상태에서 자연스럽게 발음합니다. 높은 소리로 말하지 않고 저음으로 발성합니다.
  boy, ball, break, better, black, blast, bleed, busy, buyer, but, baby, bow, big 등

- V 발음 : 윗니(teeth)들이 아랫입술을 아주 가볍게 무는 상태에서 발음합니다.

valid, value, van, very, visa, visit, visual, vitamin, vote, video, vine, vase, valley 등

B 발음과 V 발음 모두 저음으로 발성하며 강조하고 싶다면 높은 소리가 아닌 약간 강한 소리로 말합니다.

3. D와 T

- D 발음 : 윗니와 아랫니를 가볍게 물고 입술을 약간 벌린 상태에서 부드럽고 가볍게 발음합니다.
  day, do, deck, decide, dinner, dive, draw, dummy, dust, drive, drink, dream, doubt 등

- T 발음 : 윗니와 아랫니를 가볍게 물고 입안의 공기를 부드럽게 내뱉는 느낌으로 발음합니다.
  take, time, tea, today, tent, tie, tight, tiger, terrible, tip, tongue, toy, timid, tense 등

4. P 와 F

- P 발음 : 윗입술과 아랫입술이 가볍게 붙어 있는 상태에서 입안의 공기를 밖으로 내뱉는다는 기분으로 발음합니다. T 발음과 같은 느낌입니다.
  pick, paper, pay, pen, party, pig, pin, plain, plenty, policy, police, pool, power, pencil 등

- F 발음 : 윗니가 아랫입술을 가볍게 무는 형태(V 발음처럼)를 취하며 소리가 약간 내려가는 느낌으로 입안의 공기를 밀어 내는 기분을 갖습니다.
  fish, five, fire, field, forget, find, four, front, folly, follow, fake, foolish, final, fast, food 등

5. S 와 Z

- S 발음 : 우리말의 '스'와 비슷합니다. 윗니, 아랫니를 가볍게 문 상태에서 이 사이로 소리를 내보냅니다.
  say, sleep, sick, sun, second, sad, speech, spell, sport, stage, stand, ski, speak, son 등

- Z 발음 : 우리말의 '즈'와 가까우며 S 발음에 비해 조금 길게 발성합니다.
  cousin, easy, zebra prize, zoo, music, visit, exam, zip, zone, zero, zoom 등

6. wh 발음

R 발음처럼 입(주둥이)을 앞으로 쭉 내밀면서 발음하면 혀가 입천정에 닿지 않으며 자연스럽게 입술이 앞으로 나오면서 발성됩니다. '왓'이 아닌 '우왓'으로 발음합니다.
where, who, which, what, why, when, white, while, whether, whisper, whale 등

7. th 발음

th 발음은 영어 발음에서 유일하게 혀가 이 밖으로 약간 나온 상태에서 발음합니다.
만일 혀가 밖으로 나오지 않는다면 정확한 th 발음을 할 수 없습니다.

th 발음은 유성음과 무성음 2 가지입니다.

- 유성음 : 소리가 ㄷ에 가까우며 성대의 울림이 느껴짐
  the, mother, father, weather, leather, then, there, they, that, this 등

- 무성음 : 소리가 ㅅ에 가까우며 성대의 울림이 느껴지지 않음
  thing, think, thick, thin, theme, theory, theater 등

영어 발음은 한국어와 달리 입술과 혀의 움직임이 크며 한국어에 비해 높은 소리입니다. 우리말에 비해 에너지가 많이 소비되는 언어이며 우리말처럼 소곤소곤하거나 작은 소리로 말해서는 의사 전달이 되지 않습니다.

한국인과 미국인의 성대(vocal cords)는 신체적으로 다르므로 한국인이 미국에서 태어났어도 미국인의 음색과 발음을 갖는 것은 불가능합니다. 원어민의 음색을 흉내 내기보다는 우리 본래의 목소리로 정확한 발음을 하기 위해서 노력해야 합니다.

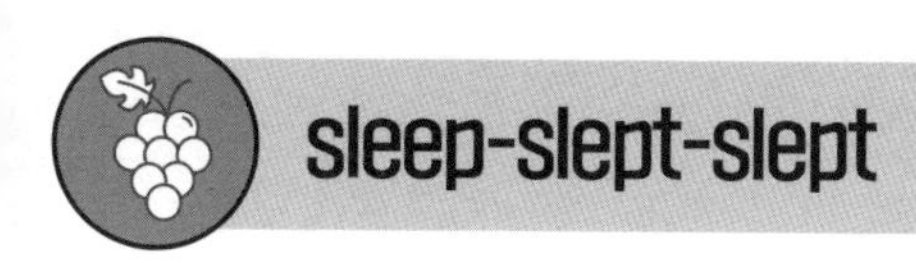

sleep-slept-slept

완전 타동사 : ……한 잠을 자다

He slept a good sleep.

그는 아주 잠을 잘 잤습니다.

완전 자동사 : 잠을 자다

People sleep.

사람들은 잠을 잡니다.

Did you sleep well?

잘 주무셨습니까?

He sleeps on the sofa.

그는 소파 위에서 잠을 잔다.

She slept like a log.

그녀는 통나무처럼 잘 잤다.

New York City never sleeps.

뉴욕시는 결코 잠들지 않습니다.

Animals sleep at night.

동물들은 밤에 잠듭니다.

Babies sleep soundly.

아기들은 깊이 잠듭니다.

speak-spoke-spoken

완전 타동사 : ……을 말하다

He speaks the truth.

그는 진실을 말합니다.

She can speak English.

그녀는 영어를 말할 수 있습니다.

Did you speak your opinion to your boss?

당신은 사장님께 당신의 의견을 말했습니까?

He spoke good words about my book.

그는 내 책에 대해서 좋은 말을 해 주었다.

English is spoken all over the world. (수동태)

영어는 전 세계에서 통용되고 있습니다.

The truth must be spoken. (수동태)

진실은 밝혀져야 합니다.

완전 자동사 : 말하다

I will speak to him.

내가 그에게 말할 것이다.

They spoke about the rumor.

그들은 그 소문에 대해서 말했다.

He speaks slowly.
그는 천천히 말한다.

Speak in English please.
영어로 말해 주세요.

You must speak with one voice.
당신들은 한 목소리를 내야 합니다.

Action speaks louder than words.
행동은 말보다 강합니다.

spend-spent-spent

완전 타동사 : ……(때를) 보내다, ……을 쓰다, ……을 소비하다

How much do you spend everyday?

당신은 매일 얼마를 쓰지요?

She spends a lot of money on dress.

그녀는 드레스를 구입하는 데 많은 돈을 씁니다.

I spent one hundred dollars on his birthday gift.

나는 그의 생일 선물을 위해서 100 불을 사용했다.

He spends much time watching TV.

그는 TV를 보면서 많은 시간을 소비합니다.

Our family spent a vacation in Texas.

우리 가족은 텍사스에서 휴가를 보냈습니다.

You should spend your time and money wisely.

당신은 시간과 돈을 현명하게 사용해야 합니다.

읽어 보기

이 책에서 소개하고 있는 97 개의 동사들은 미국에서 사용 빈도가 매우 높으며 영어를 공부하는 사람들은 반드시 알고 있어야 할 필수 동사들입니다. 총 예문은 1,155 개이며 각 동사마다 약 11 개 정도의 예문들을 포함하고 있으며 다음과 같은 특징들을 가지고 있습니다.

1. 대부분의 예문들은 평서문으로 현재형 시제를 사용하고 있습니다

평서문을 통하여 의문문과 부정문으로 바꾸어 보고 이러한 문장들을 12 시제 또는 수동태로 쉽게 전환할 수 있도록 반복 연습해야 합니다.

2. 예문들은 5 개 안팎의 쉬운 단어들로 구성되어 있기 때문에 쉽게 외울 수 있습니다

쉬운 문장들을 외움으로 영어의 어순이 머릿속에 각인되며 읽기와 쓰기 그리고 회화 실력 향상에 크게 도움이 됩니다.

3. 모든 예문은 문장의 5 형식을 세분화한 24 개의 문형을 토대로 만들었습니다

같은 문장의 형식이라도 여러 문형을 취하는 것이 영어입니다. 다음의 예문들은 불완전타동사(문장의 5 형식)로 쓰인 keep이 여러 문형을 취하고 있음을 보여 주고 있습니다. 예문들을 외울 때는 문장의 형식이 같아도 문형의 다름을 인지하면서 공부해야 합니다.

① She keeps the room clean. 그녀는 방를 깨끗하게 유지한다. (목적보어가 형용사)
② She keeps me posted. 그녀는 나에게 계속 소식을 전한다. (목적보어가 과거분사)
③ She keeps me waiting. 그녀는 나를 기다리게 한다. (목적보어가 현재분사)

4. 동사는 문장의 형식이 달라지면 그 뜻도 달라집니다. 또한 동사는 많은 뜻을 가지고 있습니다. 이러한 점을 감안하여 예문의 번역을 문장의 형식과 문형의 뜻에 적합하게 해석해 놓았습니다

stand-stood-stood

완전 타동사 : ……을 견디다, ……을 세워 놓다

I can't stand the pain.

나는 고통을 견딜 수 없다.

Nobody stands his rudeness.

아무도 그의 무례함을 견디지 못한다.

He stood the ladder against the wall.

그는 사다리를 벽에 기대어 놓았다.

Stand your ground.

당신의 입장을 굽히지 마세요.

She stood me up.

그녀는 나를 바람맞혔다.

완전 자동사 : 서다, 서 있다

Everybody stand please.

모두가 일어나 주세요.

He stood up.

그는 일어섰다.

Don't stand on the box.

그 상자 위에 서지 마세요.

I stood in the line for twenty minutes.
나는 그 줄에 이십 분 동안 서 있었다.

The school stands on the hill.
그 학교는 언덕 위에 있습니다.

불완전 자동사 : ……한 상태로 유지하다

All the boys stood still.
모든 소년들이 조용히 서 있었다.

Stand firm.
신념을 가지세요.

The country stands united.
그 국가는 단결되어 있습니다.

The group stands divided.
그 집단은 분열되어 있습니다.

He stood listening to the music.
그는 음악을 들으면서 서 있었다.

They stand talking to each other.
그들은 서로에게 이야기하면서 서 있다.

start-started-started

완전 타동사 : ……을 시작하다, ……을 시작하게 하다

He started work.

그는 일을 시작했다.

They started a conversation.

그들은 대화를 시작했다.

She starts to cook.

그녀는 요리하기 시작한다.

He started to read a book.

그는 책을 읽기 시작했다.

We started running.

우리는 달리기 시작했다.

She starts singing.

그녀는 노래하기 시작한다.

He started me in politics.

그는 나를 정치에 입문시켰다.

He started his life as a cook.

그는 요리사로서 인생을 출발했다.

완전 자동사 : 시작되다, 떠나다

School starts today.

학교는 오늘 시작합니다.

The show starts at 7:00pm.

그 쇼는 7 시에 시작됩니다.

He will start soon.

그는 곧 떠날 것이다.

You should start early tomorrow morning.

당신은 내일 아침 일찍 떠나야 합니다.

The river starts here.

그 강은 여기서 시작됩니다.

The fight started for no reason.

그 싸움은 아무 이유 없이 시작됐다.

The ticket starts from $25.00.

그 티켓은 25 불에서 시작한다.

불완전 자동사 : ……한 상태로 시작하다

He started young for the business.

그는 젊어서 사업을 시작했다.

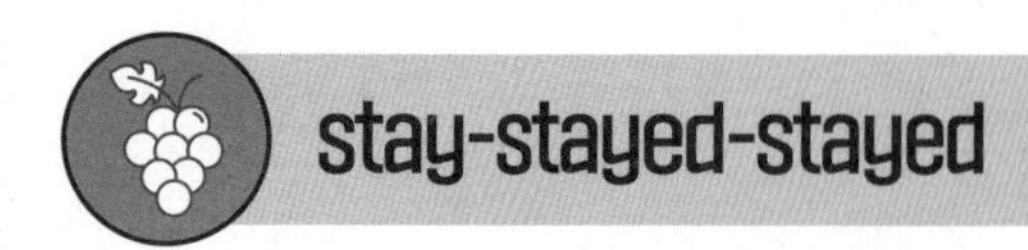

stay-stayed-stayed

완전 자동사 : 머무르다, 체재하다

They stay home.

그들은 집에 머무르고 있다.

He stays in New York.

그는 뉴욕에 머무르고 있다.

I stayed outside all day long.

나는 하루 종일 밖에 있었다.

How long will you stay here?

여기 얼마나 머무르실겁니까?

Why don't you stay for dinner?

함께 저녁식사를 위해 좀 더 계시지 그러세요?

불완전 자동사 : ……인 채로 머무르다

Please stay healthy and safe.

건강하고 안전하게 지내세요.

You should stay happy always.

항상 행복하게 지내시기 바랍니다.

He stays connected to people.

그는 사람들과 연락하면서 지낸다.

The problem stays unsolved.

그 문제는 풀리지 않은 채로 남아 있다.

Everyone stay put.

모두 그대로 있으세요.

읽어 보기

미 국무부(US Department of State) 산하 Foreign Service Institute(FSI)의 조직 중 하나인 The School of Language Studies(SLS)는 외국에서 일해야 할 미 외교관 및 국제기구 직원과 기타 공무원 등 외국어를 필수적으로 배워야 하는 사람들에게 외국어를 가르치는 기관입니다.

이 기관은 미국인이 해당 외국어를 배우는 데 소요되는 시간들을 4 category로 나누어 소개하고 있습니다. 역사와 전통이 있고 오랜 경험을 가진 기관의 data이므로 신뢰할 수 있습니다.

Category 1. 영어와 매우 가까운 언어들(languages more similar to English)

배우는 데 소요되는 시간 600~700 hours(24~30 weeks). 9 개 언어.

Danish Dutch French Italian Norwegian Portuguses Romanian
Spanish Swedish

Category 2. 미국인들에게 쉬운 언어들(easy languages to Americans)

배우는 데 소요되는 시간 900 hours(36 weeks). 5 개 언어.

German Haitian Creole Indonesian Malay Swahili

Category 3. 미국인들에게 힘든 언어들(hard languages to Americans)

배우는 데 소요되는 시간 1,100 hours(44 weeks). 47 개 언어.

Albanian Amharic Armenian Azerbaijani Bengali Bulgarian
Burmese Czeck Dari Estonian Farsi Finish Georgian Greek
Hebrew Hindi Hungarian Icelandic Kazakh Khmer Kurdish Kyrgyz
Lao Latvian Lithuanian Macedonian Mongolian Nepali Polish Russian
Serbi-Croatian Sinhala Slovak Slovenian Somali

Tagalog Tajiki Tamil Telugu Thai Tibetan Turkish Turkmen
Ukrainian Urdu Uzbek Vietnamese

Category 4. 미국인들에게 가장 힘든 언어들(super hard languages to Americans)

배우는 데 소요되는 시간 2,200 hours(88 weeks). 5 개 언어.

Arabic Chinese-Cantonese Chinese-Mandarin Japanese Korean

stop-stopped-stopped

완전 타동사 : ……을 세우다, ……을 정지시키다, ……을 막다

He stopped the fight.

그는 그 싸움을 중단시켰다.

Can you stop it please?

그것 좀 멈춰 주시겠어요?

The curtain stops the noise.

그 커튼이 소음을 막습니다.

Nothing can stop my dreams.

어떤 것도 나의 꿈을 막을 수는 없습니다.

I will stop smoking.

나는 금연할 것입니다.

He stopped walking.

그는 걷는 것을 멈췄다.

The cop stopped him for speeding up.

경찰은 과속으로 그를 정지시켰다.

I will stop the leak in the pipe.

나는 파이프의 새는 곳을 막을 것이다.

The rain stops me from going out.
비 때문에 외출할 수가 없군요.

You should stop him from drinking too much.
당신은 그가 과음하는 것을 막아야 할 것이다.

The fight was stopped by him. (수동태)
그 싸움은 그에 의해서 중단되었다.

He was stopped for speeding by the cop. (수동태)
그는 속도 위반으로 경찰에 의해서 정지되었다.

완전 자동사 : 멈추다

The music stopped.
음악이 멈췄습니다.

The snow will stop soon.
눈은 곧 멈출 것이다.

I will stop for rest.
나는 쉬기 위해서 멈출 것이다.

She stopped to take a picture.
그녀는 사진 찍기 위해서 멈췄습니다.

He stops to drink water.
그는 물을 마시기 위해서 멈춘다.

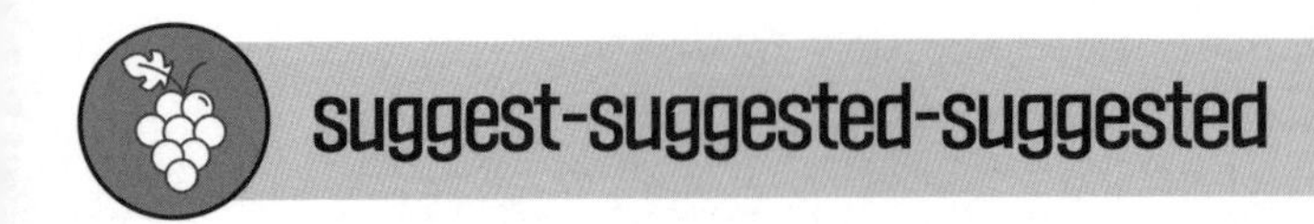

suggest-suggested-suggested

완전 타동사 : ……을 제안하다, ……을 말해 주다, ……을 넌지시 권하다

He suggested a great idea.
그는 매우 좋은 아이디어를 제안했다.

The doctor suggests exercise to me.
의사는 나에게 운동할 것을 권합니다.

She suggested another plan.
그녀는 또 다른 계획을 말했습니다.

I suggest that you call her.
당신이 그녀에게 전화하기를 권합니다.

My wife suggests that I stop smoking.
아내는 내가 금연하기를 바랍니다.

I will suggest how you handle the problem.
당신이 어떻게 그 문제를 처리해야 하는지 알려 주겠다.

He suggests where I should stay.
그는 내가 어디서 머무를지 말해 준다.

He suggested what to do tomorrow.
그는 내일 무엇을 할지 말해 주었다.

Can you suggest when to rest?
언제 휴식을 취할지 말해 주시겠어요?

A great idea was suggested by him. (수동태)
매우 좋은 계획이 그에 의해서 제안되었다.

Exercise is suggested to me(by the doctor). (수동태)
운동이 나에게 (의사에 의해서) 제안된다.

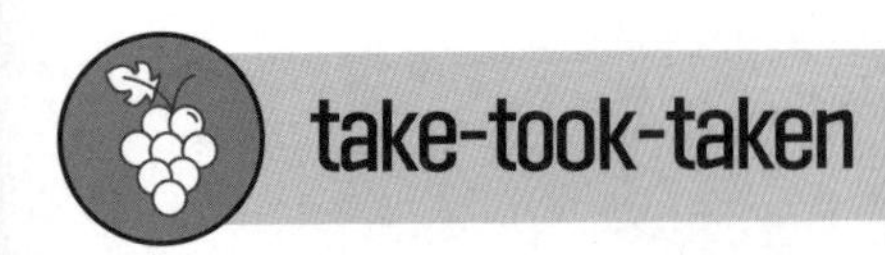

take-took-taken

완전 타동사 : ……을 취하다, ……을 떠맡다, ……을 데리고(가지고) 가다, ……을 필요로 하다

I will take the job.

내가 그 일을 맡겠습니다.

We take the test tomorrow.

우리는 내일 시험을 치릅니다.

He took the first prize.

그가 일등상을 받았습니다.

Somebody took my bag.

누군가 나의 가방을 가져갔습니다.

He takes The New York Times.

그는 뉴욕타임스를 구독합니다.

Do you take credit cards here?

신용카드를 받으시나요?

He takes the bus every day.

그는 매일 버스를 탑니다.

I will take your advice.

당신의 충고를 받아들이겠습니다.

She takes a walk in the afternoons.

그녀는 오후에 산책을 합니다.

His family takes a trip next month.

그의 가족은 다음 달 여행을 떠납니다.

My duty takes courage.

나의 임무는 용기를 필요로 합니다.

Please take the next road.

다음 길로 가세요.

He takes his work home.

그는 일을 집으로 가져갑니다.

I will take the watch.

그 시계를 사겠습니다.

She takes Spanish class at school.

그녀는 학교에서 스페인어 수업을 수강합니다.

Do you take sugar in your coffee?

당신은 커피에 설탕을 넣으세요?

He took her to the concert.

그는 그녀를 음악회에 데리고 갔습니다.

Take the umbrella with you.
우산을 가지고 가세요.

This bus takes passengers to the airport.
이 버스는 공항까지 승객들을 데리고 갑니다.

Take action, no talking.
말로만 하지 말고 행동을 취하세요.

He took his life.
그는 자살했습니다.

The process takes 5 days.
그 절차는 5 일 걸립니다.

It takes 2 hours for me to finish the job.
내가 그 일을 끝내는 데 2 시간 걸립니다.

The umbrella was taken by him. (수동태)
우산은 그에 의해서 휴대되었다.

Children will be taken to the park by me. (수동태)
어린이들은 나에 의해서 공원으로 인솔될 것이다.

읽어 보기

영어의 표현 방법에는 능동태와 수동태 2 가지 방법이 있습니다.
능동태 표현은 주어에서 행동이 나오는 것이고 수동태 표현은 행동이 주어에 미치는 형태입니다.
(수동태는 8 가지 시제를 가지고 있습니다.)

능동태	**I love you.**	**행동이 주어에서 나옴**	**나는 당신을 사랑합니다.**
수동태	**You are loved(by me).**	**행동이 주어에 미침**	**당신은 사랑받는다(나에 의해서).**

수동태 표현이 자연스럽지 않은 한국어와 달리 영어는 능동태 표현과 수동태 표현이 반반씩 사용되며 수동태 표현이 점점 늘어나는 추세입니다. 수동태 표현이 능동태 표현보다 적합한 경우가 많으며 완곡하게 표현할 수 있기 때문입니다.

다음은 수동태 표현이 필요한 경우들입니다.

1. 주어를 굳이 나타낼 필요가 없는 경우(수동태 문장에서 괄호는 생략 가능)

능동태 : They close the park at 5 pm.
그들은 5 시에 공원을 닫는다.
수동태 : The park is closed at 5 pm(by them).
공원은 5 시에 닫힌다(그들에 의해서).

능동태 : I will deliver the box to your house.
나는 당신 집에 상자를 배달할 것이다.
수동태 : The box will be delivered to your house(by me).
상자는 당신 집에 배달될 것이다(나에 의해서).

2. 주어를 특정할 필요가 없는 경우(수동태 문장에서 괄호는 생략 가능)

능동태 : People respect teachers.
사람들은 선생님들을 존경합니다.

수동태 : Teachers are respected by people.
선생님들은 존경 받습니다(사람들에 의해서).

능동태 : Somebody killed him yesterday.
누군가 어제 그를 살해했다.

수동태 : He was killed yesterday(by somebody).
그는 어제 살해되었다(누군가에 의해서).

3. 관용적인 수동태 표현들

The tickets are sold here. 티켓은 여기서 판매됩니다.

Guns are provided to the cops. 권총은 경찰들에게 지급됩니다.

You will be seated. 당신은 좌석으로 안내될 것입니다.

He was discharged. 그는 퇴원했습니다.

You will be given a second chance. 당신에게 한 번 더 기회가 주어질 것입니다.

He is called Jack. 그는 Jack이라고 불린다.

The job will be done soon. 그 일은 곧 끝날 것이다.

talk-talked-talked

완전 타동사 : ……을 논하다, ……을 말하다

The guys talk sports.
그 사람들은 운동을 논합니다.

We talked politics.
우리들은 정치를 논했다.

They talk business.
그들은 사업을 의논합니다.

완전 자동사 : 말하다, 이야기하다

People are talking.
사람들이 이야기하고 있습니다.

They talk about the weather.
그들은 날씨에 관해서 이야기하고 있습니다.

Can I talk to you?
당신에게 말할 수 있습니까?

Don't talk in class, please.
수업 중에는 말하지 마세요.

He never talks about his family.
그는 결코 그의 가족에 관해서는 말하지 않습니다

He was talking over the phone.
그는 전화로 이야기하고 있었습니다.

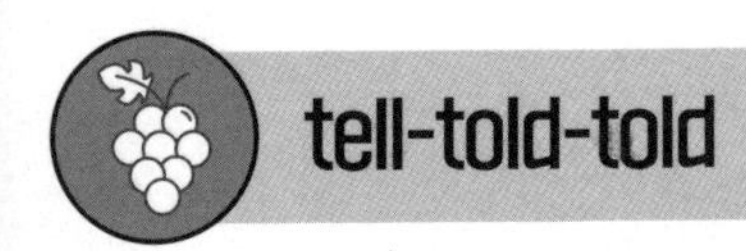

tell-told-told

완전 타동사 : ……을 말하다, ……을 구별하다

She tells secrets.

그녀는 비밀을 폭로한다.

He told the new to everyone.

그는 모든 사람들에게 소식을 전했습니다.

Can you tell the information?

그 정보를 말해 주시겠어요?

I tell the truth, the whold truth nothing but the truth.

나는 진실만을 말합니다.(법정 선서)

The news was told to everyone(by him). (수동태)

그 소식은 모든 사람들에게 전해졌습니다(그에 의해서).

He told me about it.

그는 나에게 그것에 관해서 말해 주었다.

I can tell Koreans from Japanese.

나는 한국인과 일본인을 구별할 수 있습니다.

I can tell where you are from.

나는 당신이 어디 출신인지 말할 수 있습니다.

She tells who he is.

그녀는 그가 누구인지를 말한다.

I told where they stayed.

나는 그들이 어디에 있었는지 말해 주었다.

수여 동사 : ……에게 ……을 말해 주다

I told him my phone number.

나는 그에게 그의 전화번호를 말해 주었다.

He was told my phone number(by me). (수동태)

그에게 나의 전화번호가 말하여졌다(나에 의해서).

My phone number was told to him(by me). (수동태)

나의 전화번호가 그에게 말하여졌다(나에 의해서).

She tells me everything.

그녀는 나에게 모든 것을 말해 준다.

He tells us that he will quit his job.

그는 우리들에게 직장을 그만둘 거라고 말한다.

She told me that she would get married soon.

그녀는 곧 결혼한다고 나에게 말했다.

He told us when he came to NewYork.

그는 뉴욕에 언제 왔는지 우리들에게 말해 주었다.

She tells me why she hates coffee.
그녀는 왜 커피를 싫어하는지 나에게 말한다.

Can you tell me how to get to the station?
어떻게 역에 가는지 말해 주시겠어요?

I will tell you what to do tomorrow.
내일 무엇을 할지 너에게 말해 줄 것이다.

She told me where to go.
그녀는 나에게 어디로 가야 할지를 말해 주었다.

불완전 타동사 : ……에게 ……하도록 말하다(명령하다)

He told me to wait.
그는 나에게 기다리라고 말했다.

I will tell her to study English.
나는 그녀에게 영어를 공부하라고 말하겠다.

She told me to help her.
그녀는 나에게 도와달라고 부탁했다.

I was told to help her(by her). (수동태)
나는 그녀를 돕도록 부탁 받았다.

He tells us to work harder.
그는 우리들에게 더 열심히 일하라고 명령한다.

We are told to work harder(by him). (수동태)
우리들은 더 열심히 일하도록 명령 받는다(그에 의해서).

완전 자동사 : 말하다

I will not tell.
나는 발설하지 않을 것이다.

He told about the accident.
그는 그 사고에 관해서 말해 주었다.

Time will tell.
시간이 말해 줄 것이다.

읽어 보기

speech pattern은 하나의 국가 또는 국가 안에서도 지방민, 특정한 지역 사람들이 공통적으로 사용하는 억양과 발음, 말하는 속도, 음성의 높낮이 등을 의미합니다.

영어가 국어인 미국과 영국 그리고 호주의 영어도 모두 다른 speech pattern을 가지고 있으며 영어가 공용어인 국가들 나이지리아, 필리핀, 인도 등 다른 나라의 영어도 모두 그들 특유의 독특한 speech pattern을 가지고 있습니다. 이런 이유로 영어만 들어도 그들의 출신국가를 짐작할 수 있습니다.

미국은 넓은 나라임에도 불구하고 지역 특유의 speech pattern이 별로 없는 것으로 알고 있으나 미국 남부의 억양은 누구나 구별할 수 있고 동부와 서부의 speech pattern을 원어민들은 즉시 구별한다고 합니다. 이러한 미세한 차이에도 미국인(원어민)의 영어는 거의 동일한 speech pattern을 가지고 있다고 봐야 합니다.

원어민과 같은 유창한 영어를 위해서는 다음 speech pattern의 특징을 먼저 익히도록 합니다. speech pattern에 익숙해지면 원어민이 듣기에 거부감이 줄어들고 발음과 억양 등 음성학 공부가 쉬워집니다.

〈미국 영어 speech pattern의 특징〉

1. 노래처럼 감정을 넣어서 말하며 말의 높낮이가 일정해서는 안 됩니다.
2. 모음(단모음, 장모음, 이중모음)에 의해서 단어의 강약과 높낮이가 결정되므로 모음 발음을 능숙하게 할 줄 알아야 합니다.
3. 약간 큰 소리로 말하며 되바라진 느낌을 줍니다.
4. 의문사 있는 의문문과 평서문은 문미(문장의 끝)를 약간 내려 줍니다.
5. 긴 주어 또는 긴 목적어는 하나의 단어처럼 붙여서 말합니다.
6. 동사는 강하게 전치사와 접속사는 약하고 부드럽게 발음합니다.
7. 조동사와 부정어는 조금 강하게 말합니다.

think-thought-thought

완전 타동사 : ……라고 생각하다

I think that she is smart.

나는 그녀가 영리하다고 생각한다.

We think that he enjoys his work.

우리는 그가 일을 즐기는 사람이라고 생각한다.

I don't think that he likes coffee.

나는 그가 커피를 좋아한다고 생각지 않는다.

불완전 타동사 : ……을 ……라고 생각한다

I think him a great artist.

나는 그가 위대한 예술가라고 생각한다.

We think the lady attractive.

우리는 그 여자분이 매력적이라고 생각한다.

완전 자동사 : 생각하다, 사색하다

People think.

인간은 사색한다.

He thinks about (of) his future.

그는 그의 장래에 대해서 고민한다.

Think big.

크게 생각하세요.

Think positively.

긍정적으로 생각하십시오.

Please think twice before you answer.

대답하기 전에 두 번 생각하십시오.

I think therefore I am.

나는 생각한다. 고로 나는 존재한다.

travel-traveled-traveled

완전 타동사 : ……을 여행하다

He traveled the whole world.

그는 전 세계를 여행했습니다.

I will travel the southern part of Mexico.

나는 멕시코 남부를 여행할 것입니다.

완전 자동사 : (멀리) 여행하다, 이동하다, 전해지다

She traveled to Japan last year.

그녀는 작년에 일본으로 여행을 갔습니다.

He will travel to Europe.

그는 유럽으로 여행을 갈 것입니다.

Many people travel abroad.

많은 사람들이 해외여행을 합니다.

She travels by bus.

그녀는 버스로 이동합니다.

He traveled around the US.

그는 미국의 여기저기를 여행했습니다.

The train travels at a high speed.

그 기차는 매우 빠른 속도로 달립니다.

Good reputation travels from mouth to mouth.
좋은 평판은 입에서 입으로 전해집니다.

Light travels faster than sound.
빛은 소리보다 더 빠릅니다.

Gossip travels fast.
소문은 빨리 퍼집니다.

try-tried-tried

완전 타동사 : ……을 시도하다, ……을 시험해 보다, ……을 재판하다

I will try my best.

나는 최선을 다할 것이다.

We tried his ideas.

우리는 그의 아이디어를 시도해 보았다.

Did you try Korean food?

한국 음식을 먹어 봤습니까?

I tried three stores. (to buy something)

나는 가게 3 군데를 가 보았습니다. (뭔가를 사기 위해서)

You can try him for the job.

그에게 그 일을 맡겨 보지 그러세요.

He tried the brakes before he bought the car.

그는 그 자동차를 사기 전에 브레이크를 점검해 보았다.

He tried writing poems.

그는 (실제로) 시를 써 보았습니다.

She tried making apple pies.

그녀는 (실제로) 애플파이를 만들어 보았습니다.

The judge tried the case.
그 판사는 그 케이스를 재판했습니다.

The case was tried(by the judge). (수동태)
그 사건은 (판사에 의해서) 재판에 회부되었다.

The judge tried him for theft.
판사는 그를 절도죄로 재판했다.

He was tried for theft.
그는 절도죄로 재판 받았다.

완전 자동사 : 시도하다, 노력하다, 시험해 보다

I will try.
시도해 보겠습니다.

She tries to stop smoking.
그녀는 담배를 끊기 위해서 노력한다.

Did you try to contact him?
그와 접촉하기 위해 노력해 보았습니까?

He tries to forgive her.
그는 그녀를 용서하기 위해 애쓴다.

Why don't you try one more time?
한 번 더 시도해 보지 그러세요?

Try and behave better.
예절 바르게 행동하기 위해서 노력하세요.

읽어 보기

영어 선생님의 실력과 경험 그리고 가르치는 열성에 따라 배우는 사람들의 영어 습득에 미치는 영향은 지대합니다. 선생님의 능력에 따라 학생들은 쉽고 편하게 짧은 시간 내에 영어에 능숙해질 수도 있고 반대로 많은 노력과 시간, 경비를 지출했음에도 원했던 결과를 얻지 못하는 경우도 있습니다. 어학 공부뿐만 아니라 뭔가를 배우고자 한다면 선생님의 선택은 정말 중요할 수 밖에 없습니다.

제가 생각하는 영어 선생님은,

1. 문법에 능통해야 합니다

언어는 말을 통해서 가르치는 것이 아니고 문자를 통해서 가르치고 배워야 하는 학문입니다.

문법에 능통하다는 말은 그 언어의 특징과 규칙 그리고 문장이 만들어지는 내적 구조를 잘 설명할 수 있으므로 학생들에게 정교한 지식 전달이 가능합니다. 우리가 생각하기에는 원어민들은 자라면서 자연스럽게 영어를 습득한다고 생각하지만 그들도 초등학교 저학년 시절부터 강도 높은 문법 공부를 통해서 유창한 영어를 구사하게 됩니다. 문법은 영어를 배우는 모든 사람들이 반드시 배워야 하는 부분입니다.

2. 다년간의 teaching 경험이 있어야 합니다

언어 학습에서 teaching 경험은 매우 중요합니다. 유창한 영어를 구사하는 것과 가르치는 일은 별개입니다. 경험이 있는 선생님은 학생들의 수준을 쉽게 파악하고 수준에 맞는 학습 방법으로 학생들의 필요를 채워 주면서 실력을 향상시켜 나갑니다.

3. 원어민과의 회화가 가능해야 합니다

원어민과의 회화는 갈고 닦은 자신의 실력을 직접 체험하는 기회가 됩니다.

선생님이 원어민과 회화가 가능할 때 본인이 실제 경험을 통해서 얻은 노하우와 순발력을 가르칠 수 있습니다. 현장 경험이 없어도 이론적으로는 회화를 가르칠 수는 있겠지만 반드시 현장 경험을 통해서 배울 수 있는 것들은 따로 존재합니다.

4. 영어권 국가에서 살아 본 경험이 있으면 도움이 됩니다

영어권 국가에서 살아 본 경험이 있는 선생님이라면 책에서는 배울 수 없는 다양한 표현들과 사회적 관습 그리고 선생님이 현지 생활을 통해서 경험한 그 나라의 문화와 풍속 등을 간접 경험할 수 있으므로 언어 습득에 큰 도움이 됩니다.

turn-turned-turned

완전 타동사 : ……을 돌리다, ……을 지나다, ……을 변질시키다

He turned the key.

그는 열쇠를 회전시켰습니다.

Don't turn it please.

그것을 돌리지 마세요.

The boy turns pages.

그 소년은 페이지를 넘기고 있습니다.

He will turn sixty five next month.

그는 다음 달에 65 세가 됩니다.

The car turns the corner.

그 자동차는 모퉁이를 돌아선다.

Hot weather turns milk.

더운 날씨는 우유를 상하게 합니다.

He turned our conversation to other topics.

그는 우리들의 화제를 다른 것으로 돌렸습니다.

I turned my garage into an office.

나는 차고를 사무실로 바꿨습니다.

Can you turn this sentence into English?
이 문장을 영어로 바꿔 주시겠어요?

완전 자동사 : 돌다, 바뀌다, 회전하다

The handle never turns.
그 손잡이는 돌지 않습니다.

The earth turns.
지구는 회전합니다.

He turned to me and smiled.
그는 내 쪽으로 돌아서면서 미소 지었다.

Please turn to page 35.
35 페이지를 펴 주세요.

They turned left.
그들은 왼쪽으로 향했다.

Love can turn to hate.
사랑은 미움으로 바뀔 수 있습니다.

Small problems can turn into a big one.
작은 문제들이 큰 문제로 변할 수 있습니다.

불완전 자동사 : ……이 되다, ……으로 변하다

She turned pale.
그녀는 창백해졌다.

They turned happy at the news.
그들은 그 소식을 듣고 행복해졌습니다.

He turns violent sometimes.
그는 때때로 폭력적이 된다.

The weather turns fine.
날씨가 좋아집니다.

The leaves will turn yellow soon.
낙엽은 곧 노랗게 물들 것이다.

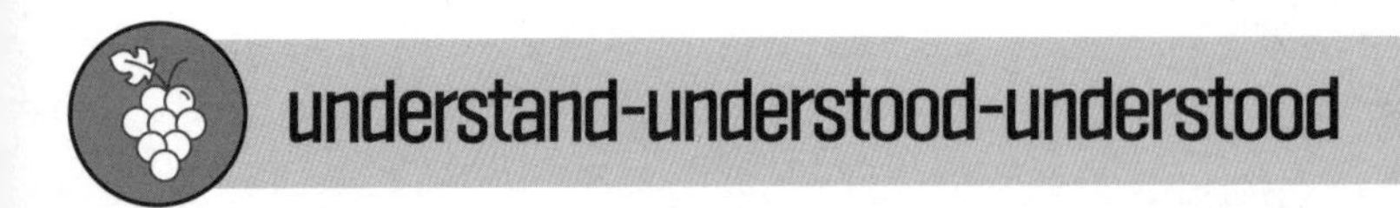

understand-understood-understood

완전 타동사 : ……을 이해하다, ……을 들어서 알고 있다

I understand your anger.

나는 당신의 분노를 이해합니다.

Do you understand English?

영어를 이해하십니까?

I can understand you.

당신을 이해할 수 있습니다

He understands the situation.

그는 그 상황을 이해합니다.

She never understands computer games.

그녀는 컴퓨터 게임을 결코 이해하지 못한다.

I understand that he will get the job soon.

나는 그가 곧 취업한다는 것을 들어서 알고 있다.

We understand that the news is true.

우리는 그 뉴스가 사실이라는 것을 알고 있습니다.

Can you understand what the problem is?

문제가 무엇인지 이해하시겠어요?

I understand why she doesn't like him.
나는 그녀가 왜 그를 싫어하는지 이해한다.

We understand how he feels.
우리는 그 사람이 어떤 기분인지를 이해합니다.

Your anger is understood(by me). (수동태)
당신의 분노는 이해됩니다(나에 의해서).

The situation is understood(by him). (수동태)
상황은 이해된다(그에 의해서).

use-used-used

완전 타동사 : ……을 사용하다, ……을 이용하다

You can use my pen.
당신은 내 펜을 사용할 수 있습니다.

Can I use your phone?
전화 좀 사용할 수 있습니까?

Please don't use bad words.
나쁜 말들은 사용해서는 안 됩니다.

He uses her all the time.
그는 항상 그녀를 이용합니다.

People use animals.
사람들은 동물을 이용합니다.

We use wind for power.
우리는 동력을 위해서 바람을 이용합니다.

Did you use my computer?
당신이 내 컴퓨터를 사용했습니까?

She is used by him all the time. (수동태)
그녀는 그에 의해서 항상 이용 당한다.

Wind is used for power. (수동태)
바람은 동력을 위해서 사용됩니다.

읽어 보기

대부분의 미국인들은 일상생활에서 쉽고 단순한 문장을 선호합니다. 이것은 그들의 실용주의 사상(pragmatism)에 기인하지만 영어는 실제로 어려운 단어나 복잡한 문장보다는 간단하고 단순한 문장이 의사소통에 더 효과적입니다.

미국에서는 일상회화뿐만 아니라 법률 분야, 의학 분야 등 전문 분야에서도 단순한 영어(plain English)를 추구하는 경향이 강하며 이러한 추세는 앞으로도 계속될 것입니다. 쉽고 단순한 단어를 사용해서 멋지고 격조 높은 문장을 만들 수 있는 언어가 영어입니다.

같은 뜻이지만 1 번 문장이 단순하고 쉬운 표현이며 일상생활에 사용되는 표현들입니다.

1. She is pregnant. 그녀는 임신 중이다.
2. She conceives a baby.

1. They give up all hopes. 그들은 모든 희망을 포기한다.
2. They surrender all hopes.

1. You should be patient. 인내심을 가지세요.
2. You should persevere.

1. Put out the fire. 불을 끄세요.
2. Extinguish the fire.

1. The dentist pulled out my tooth. 치과의사가 내 이를 뽑았다.
2. The dentist extracted my tooth.

1. I was in a brown jacket.

2. I wore a brown jacket.

나는 감색 재킷을 입고 있었다.

1. He made up the story.

2. He concocted the story.

그는 그 이야기를 날조했다.

1. She looks down on me.

2. She ignores me.

그녀는 나를 무시한다.

1. They make fun of me.

2. They mock me.

그들은 나를 놀린다.

wait-waited-waited

완전 타동사 : ……을 기다리다, ……을 시중들다

You should wait your turn.

당신의 순서를 기다리세요.

She waits tables at the restaurant.

그녀는 식당에서 손님들을 돌봅니다.

완전 자동사 : 기다리다

I waited in line for 30 minutes.

나는 줄에서 30 분 동안 기다렸다.

I will wait for your call.

당신의 전화를 기다리겠습니다.

My brother waits for snow.

내 동생은 눈을 기다립니다.

Dinner is waiting for you.

저녁 식사가 준비되어 있습니다.

Please wait here until I come back.

내가 돌아올 때까지 여기서 기다리세요.

That can wait.

그것은 늦춰질 수 있습니다.

I waited for you to come back.

나는 당신이 돌아오기를 기다렸습니다.

I wait for the bus to come.

나는 버스가 오기를 기다리고 있다.

I can't wait to meet her.

그녀를 만날 것을 기다릴 수 없습니다. (빨리 만나고 싶어 함)

We can't wait for vacation.

우리는 휴가를 기다릴 수 없습니다. (빨리 휴가를 가고 싶어 함)

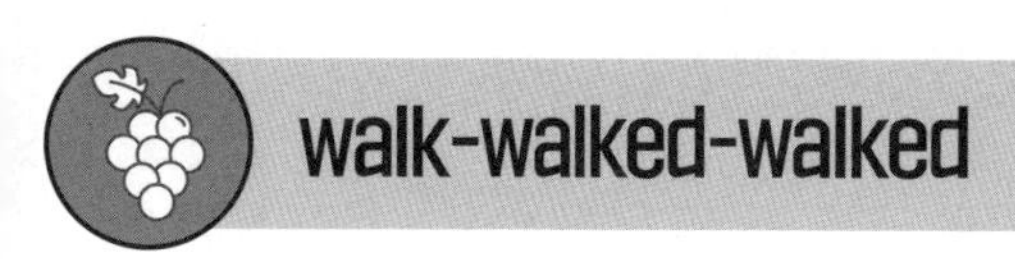

walk-walked-walked

완전 타동사 : ……을 걷게 하다, ……을 바래다 주다, ……을 걸어서 돌아다니다

He walks his dogs every day.

그는 그의 개들을 산책시킵니다.

She walks her baby.

그녀는 아기를 걷게 합니다.

I will walk you to the station.

제가 역까지 바래다드리겠습니다.

He walked the girl home.

그는 그 소녀를 집까지 바래다주었다.

Tourists walk downtown.

관광객들이 시내의 여기저기를 걸어서 돌아다닙니다.

완전 자동사 : 걸어가다, 걷다

Boys are walking.

소년들이 걸어가고 있습니다.

He walks to school.

그는 학교까지 걸어갑니다.

I walk for exercise.

나는 운동을 위해서 걷습니다.

She walks across the street.
그녀는 거리를 건너가고 있습니다.

People walk around the lake.
사람들이 호수 주위를 걷습니다.

People are walking along the beach.
사람들이 해변를 따라 걷고 있습니다.

want-wanted-wanted

완전 타동사 : ……을 원하다, ……을 바라다

She wants a new car.

그녀는 새 자동차를 원합니다.

What do you want?

당신은 무엇을 원하세요?

Everybody wants happiness.

모두가 행복을 원합니다.

He wants to go abroad.

그는 해외로 가기를 원합니다.

I want to speak English well.

나는 영어를 유창하게 말하고 싶습니다.

Happiness is wanted by everybody. (수동태)

행복은 모두에 의해서 추구됩니다.

불완전 타동사 : ……이 ……하는 것을 원하다

I want you to study English.

나는 당신이 영어를 공부하기 바랍니다.

We want her to succeed.

우리는 그녀가 성공하기를 바랍니다.

He wants dinner ready.
그는 저녁식사가 준비되어 있기를 바란다.

She wants her house clean at all time.
그녀는 집이 항상 깨끗하기를 원한다.

He wants his watch repaired.
그는 그의 시계가 수리되기를 원한다.

I want everything organized well.
나는 모든 것이 잘 정리되어 있기를 바란다.

읽어 보기

영어 단어는 품사별로 다음과 같은 공통점을 가지고 있습니다. 이런 특징을 알고 공부하면 단어 공부에 도움이 됩니다.

1. 형용사

어미가 ful, able, tive, less 등으로 끝나는 경우가 많음.

powerful, wonderful, grateful, colorful, faithful, peaceful, beautiful, successful 등.

available, honorable, payable, durable, portable, capable, usable, probable 등.

active, inspective, talkative, negative, captive, productive, sensitive, positive 등.

useless, homeless, careless, endless, hopeless, fearless, helpless, tasteless 등.

2. 부사

어미가 ly로 끝나며 ly가 없으면 형용사가 됨. 괄호는 형용사임.

slowly(slow), quietly(quiet), sadly(sad), decently(decent), nicely(nice), simply(simple), mostly(most), quickly(quick), safely(safe), boldly(bold) 등.

3. 명사

어미가 tion, ment, ity, ness, ism 등으로 끝나는 경우가 많음.

station. fiction, emotion, mention, action, nation, lotion, edition, inspection 등.

moment, comment, payment, element, statement, enjoyment, treatment, investment 등.

city, sanity, purity, vanity, entity, ability, quality, quantity, facility, capability 등.

happiness, sadness, kindness, madness, dryness, illness, witness, fatness, hotness 등.

egoism, racism, sexism, lookism, activism 등.

4. 동사

어미가 fy, ize, en, ate 등으로 끝나는 경우가 많음.

verify, certify, justify, edify, unify, classify, glorify, testify 등.

realize, socialize, utilize, civilize, baptize, novelize 등.

darken, soften, harden, brighten, lighten, fatten, deepen 등.

mediate, dictate, violate, educate, graduate, translate, separate 등.

wash-washed-washed

완전 타동사 : ……을 씻다, ……을 세탁하다

The boy washes his hands and face.

그 소년은 손과 얼굴을 씻습니다.

My mother washes the dirty clothes.

나의 어머니는 더러운 옷을 세탁하십니다.

She will wash her baby.

그녀는 아기를 목욕시킬 것입니다.

I wash my car sometimes.

나는 자동차를 가끔 닦습니다.

Prayer washes away your sins.

기도는 당신의 죄를 씻어 줍니다.

The flood washed away the houses.

홍수가 집들을 흘러가게 했습니다.

완전 자동사 : (얼굴과 손등을) 씻다, 세탁되다

Children should wash before they go to bed.

어린이들은 자기 전에 얼굴과 손을 씻어야 합니다.

This cloth washes well.

이 천은 세탁이 잘됩니다.

watch-watched- watched

완전 타동사 : ……을 지켜보다, ……을 망보다, ……을 감시하다

We watched the football game on TV.

우리는 TV에서 풋볼 경기를 보았습니다.

Somebody watches you.

누군가가 당신을 지켜보고 있습니다.

Can you watch my bag please?

내 가방 좀 봐 주시겠어요?

Watch your steps, please.

계단을 조심하십시오.

You should watch your language.

말조심하세요.

I watched how it worked.

나는 그것이 어떻게 작동되는지 지켜보았다.

Did you watch what he was doing?

그가 무엇을 하고 있었는지 지켜보았습니까?

I didn't watch when it happened.

나는 그 일이 언제 일어났는지 지켜보지 않았습니다.

불완전 타동사 : ……이 ……하는 것을 지켜보다

He watches the boys play(playing).

그는 소년들이 노는 것을 지켜본다.

She watches the sun go(going) down.

그녀는 해가 지는 것을 지켜보고 있다.

완전 자동사 : 지켜보다, 조심하다

You should watch for a signal before you cross the street.

길을 건너기 전에는 신호등을 지켜보세요.

Watch out!

조심하세요!(위험한 상황에서)

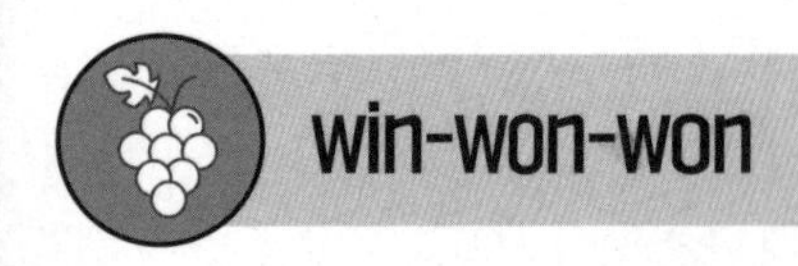

win-won-won

완전 타동사 : ……에서 이기다, ……을 손에 넣다

We will win the game.

우리는 그 경기에서 이길 것이다.

The boy won the race.

그 소년은 달리기에서 이겼습니다.

I won the first prize.

내가 일등상을 받았습니다.

He won her love.

그는 그녀의 사랑을 획득했습니다.

Mr. Kim will win the election.

미스터 김은 선거에 이길 것이다.

The country won twenty gold medals in the last Olympic.

그 나라는 지난번 올림픽 경기에서 20 개의 금메달을 획득했습니다.

He won my respect with hard work.

그는 열심히 일해서 나의 신용을 얻었습니다.

I will win the trust of my boss.

나는 사장님의 신뢰를 얻을 것이다.

완전 자동사 : 이기다, 승리하다

Which team won?

어느 팀이 이겼습니까?

She has never won at tennis.

그녀는 테니스 경기에서 이겨 본 적이 없습니다.

He will win.

그가 이길 것이다.

읽어 보기

한국에서 영어를 곧잘 하거나 잘한다는 소리를 듣던 사람들도 미국에 오면 갑자기 말문이 막히고 쉬운 말도 생각나지 않아 기본적인 의사소통에 어려움을 겪기도 합니다.

한국에서는 상대방(외국인)이 내 영어를 알아듣기 위해 노력하고 동일한 사람과의 대화가 많기 때문에 언어 외적으로 상대방의 의도를 이해하는 경우가 많습니다. 또한 영어 사용이 거의 전무한 한국에서는 영어를 몇 마디만 해도 스스로 잘한다는 착각에 빠질 수도 있습니다.

그러나 미국의 현실은 다릅니다.
미국의 대도시는 대부분 여러 민족이 어울려 살고 있으며 저마다의 독특한 억양과 발음으로 영어를 구사합니다. 그렇다고 이들의 영어가 의사소통에 문제가 있다거나 문법적으로 틀린 것도 아닙니다. 영화나 드라마에서 들은 맑고 투명하고 멋진 백인 특유의 음색과 발음을 기대해서는 안 됩니다. 미국은 이민으로 이루어진 나라고, 이곳 사람들은 상대방이 영어를 충분히 구사할 것이라고 생각하기 때문에 상대방에 대한 배려 없이 대화를 진행해 나가는 것입니다.

영어 선생님을 오래 했고 또는 미국계 회사에서 미국인들과 오래 일한 경험이 있는 한국인도 미국에 오면 이런 이유 때문에 누구나 한 번쯤은 깊은 실망감 내지는 허탈감에 빠지기도 합니다.
제가 아는 어느 러시아분은 영어 선생님을 30 년 이상 했고 영어에 자신이 있었다고 생각했는데 막상 미국에 와 보니 뜻대로 말이 나오지 않아 자신의 영어 실력에 큰 회의를 느꼈다고 합니다.

그렇다고 실망할 필요는 전혀 없습니다.
어느 정도 문법이 머릿속에 정리되어 있는 상태에서 열심히 노력하면 생각보다 영어 실력이 빨리 향상되고 자신감도 회복합니다. 영어공부는 초보자이건 중급자이건 원어민 수준이건 기본 문법에 충실하면 할수록 실력이 향상됩니다. 왜냐면 영문법은 따로따로 존재하는 것이 아니고 상호보완적이며 유기적인 관계를 가지고 있으므로 기본 문법이 충분히 이해될 때 실력이 크게 향상됩니다.

이 책의 문법편을 반복하십시오. 영어에 능통한 사람은 더욱 유창해질 것이며 초보자나 중급자는 영어가 점점 쉬워지며 자신감을 갖게 될 것입니다.

work-worked-worked

완전 타동사 : ……을 일 시키다, (기계 따위를) 조작하다, (특정 지역을) 담당하다

You work the machine very well.

당신은 기계를 잘 다루는군요.

Don't work the animals.

동물들을 너무 혹사시키지 마세요.

The salesman works East coast.

그 세일즈맨은 동부지역을 담당합니다.

완전 자동사 : 일하다, (기계 따위가) 작동되다

Everybody works.

모두가 일합니다.

He works at the bank.

그는 은행에서 일합니다.

They work hard.

그들은 열심히 일합니다.

She works for the company.

그녀는 그 회사에서 일합니다.

Where do you work?

어디서 일하세요?

She works nights.

그녀는 밤에 일합니다.

The machine works well.

그 기계는 잘 작동됩니다.

Our plan worked well.

우리들의 계획이 잘 진행되었습니다.

완전 타동사 : ……을 쓰다, ……에게 편지를 쓰다

She writes a letter.

그녀는 편지를 씁니다.

Would you write him soon?

그에게 곧 편지를 보내시겠어요?

Write your name and phone number please.

당신의 이름과 전화번호를 적어 주세요.

A letter is written by her. (수동태)

편지는 그녀에 의해서 쓰인다.

수여 동사 : ……에게 ……을 쓰다

I wrote him a check.

나는 그에게 수표를 써 주었다.

He writes her a love letter every day.

그는 그녀에게 매일 사랑의 편지를 쓴다.

불완전 타동사 : ……에게 ……하도록 편지를 쓰다

She wrote him to visit her.

그녀는 그에게 방문해 달라고 편지를 썼다.

I will write him to study hard.

나는 그에게 열심히 공부하라고 편지를 쓸 것이다.

완전 자동사 : 편지를 쓰다, 글을 쓰다

She writes to her family.

그녀는 가족에게 편지를 씁니다.

He writes for the newspaper.

그는 신문사에 글을 기고합니다.

I will write about world history.

나는 세계사에 관한 글을 쓸 것이다.

제3 장

회화 편

이 책의 회화 편은 미국인들의 일상생활에서 자주 쓰이는 표현들로 구성되어 있습니다. 예문들을 통해서 문형을 익히게 되어 있으므로 문형 안의 단어만 바꿔 주면 원하는 문장을 만들 수 있습니다.

미국인과의 대화를 어렵게 생각하거나 심적 부담을 느껴서는 안 됩니다. 쉽고 가벼운 단문으로 부정문, 의문문 및 다양한 시제를 사용하도록 노력해야 합니다. 유창한 회화 실력을 갖기 위해서는 무겁고 힘든 문장을 힘들게 공부하는 것이 아니고 가볍고 단순한 문장들을 무한 반복하는 동안에 회화 실력이 향상됩니다.

〈회화 편 목차〉

1. 소개(introduction)
2. 쇼핑(shopping)
3. 취미(hobby)
4. 종교(religion)
5. 길 묻기(asking for direction)
6. 음식(food)
7. 영어공부(learning English)
8. 휴가(vacation)
9. 자동차 여행(traveling in a car)
10. 운동(work out)
11. 초청(invitation)

1. 소개(introduction)

친구나 지인을 다른 사람에게 소개할 때

Let me introduce my friend to you.

내 친구를 당신에게 소개하게 해 주세요.

Can I introduce my cousin to you?

내 사촌을 당신에게 소개할까요?

Please allow me to introduce my wife to you.

내 아내를 당신에게 소개하게 해 주세요.

소개 받은 후 인사말

How are you?

안녕하세요.

My name is John.

내 이름은 John입니다.

It is nice to meet you.

만나서 반갑습니다.

It is good to see you.

만나서 반갑습니다.

A : Where are you from?

어디서 오셨습니까?

다른 표현 : Can I ask where you are from?

어디서 오셨는지 물어도 될까요?

B : I am from Korea.

한국에서 왔습니다.

A : Where in Korea are you from?

한국 어디서 오셨나요?

B : I am from Seoul Korea.

한국 서울에서 왔습니다.

A : I see. I am from Dallas Texas.

그렇군요. 저는 텍사스의 델라스 출신입니다.

I was born and raised there.

저는 거기서 태어나고 자랐습니다.

I hear that Korea is a beautiful country.

한국은 아름다운 나라라고 듣고 있습니다.

B : That is true.

사실입니다.

There are many things to see and to enjoy in Korea.

한국은 보고 즐길 수 있는 많은 것들이 있습니다.

A : I wish I could go to Korea someday.

언젠가 가 보았으면 합니다.

B : I hope you would have a chance to visit Korea in the near future.

가까운 장래에 한국을 방문할 기회가 있기를 바랍니다.

Traveling to Korea will be a wonderful experience for you.

한국 여행은 당신에게 멋진 경험이 될 것입니다.

읽어 보기

1. 만나서 첫인사 나눌 때

Nice to meet you.	당신을 만나서 반갑습니다.
I am glad to meet you.	당신을 만나서 기쁩니다.
I am pleased to meet you.	당신을 만나서 기쁩니다.
I am honored to meet you.	당신을 만나서 영광입니다.

2. 헤어질 때

Nice meeting you.	만나서 반가웠습니다.
Nice talking to you.	당신과 대화가 즐거웠습니다.
I enjoyed talking to you.	당신과 말하는 것이 즐거웠습니다.
I hope to see you soon(again).	당신과 곧(다시) 만나기를 희망합니다.

'Where are you from?'보다는 'Can I ask where you are from?'이 보다 정중한 표현입니다. ask 다음에 wh 절을 목적어로 사용하여 다른 뜻의 문장들을 만들어 보십시오.

Can I ask what you want?
당신이 무엇을 원하는지 물어볼 수 있나요?
Can I ask where you live?
당신이 어디 사는지 물어볼 수 있나요?
Can I ask why you don't like me?
왜 나를 싫어하는지 물어볼 수 있나요?
Can I ask when you come back?
당신이 언제 돌아오는지 물어볼 수 있나요?
Can I ask how you solved the problem?
당신이 그 문제를 어떻게 해결했는지 물어볼 수 있나요?

Where in America are you from?
미국 어디 출신이세요?
Which part of America are you from?
미국 어디 출신이세요?

상대방의 이름을 즉시 알아듣지 못했을 때는,

What was your name again?
당신의 이름을 다시 말해 주시겠어요?

2. 쇼핑(shopping)

A : How much is the watch?

그 시계는 얼마입니까?

B : That is $100.00.

100.00 불입니다.

A : Can you show me the watch in the corner please?

코너에 있는 저 시계 좀 보여 주시겠어요?

B : Sure, just tell me any watch you want to see.

물론이죠. 보기를 원하는 시계는 말씀만 하세요.

다른 표현 : Let me know the watches you want to see.

보고 싶은 시계들을 알려 주세요.

A : The sweater looks beautiful. (great, gorgeous)

스웨터가 정말 멋있어 보이는군요.

Could you tell me the price?

가격은 얼마입니까?

다른 표현 : Can I ask how much it is?

가격을 물어볼 수 있나요?

What is the price for this?

이것은 얼마입니까?

B : That is eighty dollars. It is on sale now.

80.00 불인데요. 지금 세일 중입니다.

A : Do you have the medium size in red?

붉은색으로 중간 사이즈를 가지고 계십니까?

B : I think I have it.

예, 가지고 있습니다.

A : Can I try it on?

입어 볼 수 있나요?

B : Yes, you can. You can try this on in the fitting room over there.

물론이죠. 저기 탈의실에서 입어 볼 수 있습니다.

A : Can I return it?

반품할 수 있습니까?

B : You can return it anytime within two month.

2 개월 이내 언제든지 반품할 수 있습니다.

Please bring the receipt and the merchandise should be in the same condition.

영수증를 가져오시고 상품은 같은 상태로 있어야 합니다.

A : Sounds great.

잘 알겠습니다.

I will take it.

이것을 구입하겠습니다.

읽어 보기

미국의 백화점에서 물건을 산 후 반품은 쉽습니다. 대부분의 백화점들은 반품 코너(return service)가 설치되어 있으므로 물건과 영수증만 가지고 가면 즉시 반품되고 환불해 줍니다.

구입했던 백화점에서 반품하는 경우도 있고 return label을 프린트해서 우체국 또는 UPS 등을 통해서 반품하기도 하며 반품은 무료인 경우가 많습니다.

백화점에서 옷을 사는 경우는 입어 보아야 하므로 매장 내에 있는 fitting room으로 가서 입어 본 후 결정하면 됩니다.
여러 개의 백화점들이 함께 모여 있는 것을 Mall이라고 하며 Mall 안에는 food court 또는 약간의 구경거리도 함께 있으므로 시간을 보내기 좋은 장소이기도 합니다.

가격을 물어보는 질문으로는,

How much is it? 그것은 얼마입니까?
What is the price for that? 그것의 가격은 얼마지요?
Can I have the price for that? 그것의 가격을 알 수 있나요?
Can I ask how much this is? 그것이 얼마인지 물어봐도 될까요?
Can you tell me the price for this? 이것의 가격을 말해 주시겠어요?
Can you tell me how much it is? 그것이 얼마인지 말해 주시겠어요?

Mall 안에서 Macys가 어디에 있는지 물어보는 표현들은 다음과 같습니다.

Where is Macys? Macys는 어디에 있습니까?
Where is Macys located? Macys는 어디에 위치하고 있습니까?
Could you tell me where Macys is? Macys가 어디에 있는지 말해 주시겠어요?
Do you know where Macys is? Macys가 어디에 있는지 알고 계시나요?

How do I get to Macys? 어떻게 Macys로 가지요?

Can you help me? I am looking for Macys. Macys를 찾고 있는데 도와주시겠어요?

화장실, ice cream store 등 특정한 장소를 찾을 때는 Macys 대신 원하는 장소의 이름을 넣으면 됩니다.

3. 취미(hobby)

A : What is your hobby?

당신의 취미는 무엇입니까?

B : My hobby is to read books.

내 취미는 독서입니다.

You know what they say, readers are leaders.

사람들이 말하기를 읽는 사람이 지도자라고 합니다.

What do you do when you are free?

시간이 있으면 무엇을 하세요?

A : I love to watch movies.

나는 영화 보는 것을 정말 좋아합니다.

B : You love movies? I love movies too.

영화를 좋아하신다고요? 나 역시 영화를 좋아합니다.

I hope we go to the cinema together someday.

나중에 함께 극장에 가면 좋겠군요.

A : What do you do when you have time?

시간이 나면 무엇을 하세요?

B : I walk with my dogs when I have time.

시간이 나면 개들과 함께 산책합니다.

A : How many dogs do you have?

개를 몇 마리 가지고 계세요?

B : I have three dogs, I walk them twice a day.

나는 개가 세 마리 있는데 하루 두 번 걷게 합니다.

A : What do you do this weekend?

이번 주말에 무엇을 하십니까?

B : I will play tennis.

테니스를 칠 것입니다.

I think tennis is a great sport for the health.

테니스는 건강을 위해서 아주 좋은 운동이라고 생각합니다.

What do you do to relax?

당신은 기분 전환으로 무엇을 하십니까?

A : I go fishing to relax.

나는 기분 전환으로 낚시 갑니다.

A : What do you do as a hobby?

취미로 무엇을 하세요?

B : I just take care of my garden.

나는 정원을 가꿉니다.

읽어 보기

미국인들의 취미생활은 다양합니다. 책 읽기를 좋아하고 여러 가지 운동을 즐깁니다.
타운(동네)마다 훌륭한 시설의 도서관과 운동시설이 있는데 동네 주민이라면 누구나 무료로 사용할 수 있습니다. 도서관은 책을 대여해 주는 역할 외에 독서모임을 하기도 하고 주민들의 복지를 위한 프로그램 및 각종 생활 정보도 제공합니다.

미국인들과 취미에 관한 이야기는 언제나 좋은 화제가 될 수 있습니다.

What is your hobby? 취미가 무엇입니까?
What do you do to relax? 기분 전환으로 무엇을 하세요?
What do you do when you have time? 시간이 나면 무엇을 하세요?

My hobby is to sing and dance. 나의 취미는 노래하고 춤추는 것입니다.
I go fishing weekends. 나는 주말에는 낚시 갑니다.
I play golf from time to time. 나는 때때로 골프를 합니다.
I read books whenever I am free. 시간이 있을 때마다 책을 읽습니다.

'특별한 목적 없이 시간을 보내다, 시간을 죽이다'는 'kill time'이라고 표현합니다.

I just killed two hours in the mall. 나는 mall에서 그저 2 시간을 보냈다(허비했다).
I was in the park killing time. 나는 시간을 보내면서 공원에 있었다.

4. 종교(religion)

A : Are you religious?/What is your religion?

종교를 가지고 계십니까?

B : No, I don't think so.

아니요, 종교는 없습니다.

But I am much interested in Buddhism.

그러나 불교에 관심은 많습니다.

A : I see. I think you can learn many things from it.

그렇군요. 당신은 불교로부터 많은 것을 배울 수 있으리라 생각합니다.

B : Yes, It teaches me a lot of things.

예, 그것은 나에게 많은 것을 가르쳐 줍니다.

A : What religion are you?

무슨 종교를 가지고 계십니까?

B : I am a Christian.

나는 기독교인입니다.

A : What made you a Christian?

무엇이 당신을 크리스천으로 만들었습니까?

B : I used to go to church with my parents when I was small.

내가 어렸을 때 부모님과 교회를 가곤 했지요.

How about you?

당신도 교회에 갑니까?

A : Yes, I do. I believe in God.

예, 나도 교회에 갑니다. 나는 하나님을 믿습니다.

I am sure that Jesus loves everybody.

나는 예수님은 모두를 사랑한다고 확신합니다.

B : That is what we believe.

그것이 우리가 믿는 것이죠.

The Bible says that all men are created equal by the Lord.

성경은 하나님이 모든 인간을 평등하게 창조하셨다고 말합니다.

A : That is true.

사실입니다.

The Lord is Creator.

하나님은 창조주이십니다.

We should fear and worship the Lord.

우리는 하나님을 두려워하고 경배해야 합니다.

B : Yes, All the blessings come from the Lord.

그렇습니다. 모든 축복은 하나님으로부터 옵니다.

읽어 보기

타인과의 대화에서 종교와 정치에 관한 이야기는 피하라고 하지만 정치와 종교에 관한 이야기처럼 흥미 있는 화제도 없으며 동시에 상대방을 알게 되는 좋은 기회가 되기도 합니다.

아무리 민감한 화제라 할지라도 상대방의 생각을 존중하면서 대화를 나누다 보면 서로에게 도움이 될 수 있으며 대화를 통해서 많은 것을 배우게 됩니다.

미국의 탄생 배경과 기독교는 매우 밀접한 관계를 가지고 있습니다. 기독교가 미국의 국교는 아니지만 약 70 %의 미국인들이 기독교 인구라고 합니다. 미국에서는 목사나 성직자들이 존경받는 분위기며 신앙생활을 당연시합니다. 교회를 다니지 않는 사람들도 기독교에 대해서 매우 긍정적이고 우호적인 견해를 가지고 있습니다.

미국 화폐의 cent에서부터 100 불 지폐에 이르기까지 모든 돈에는 'In God we trust(우리가 믿는 하나님 안에 또는 우리는 하나님을 믿노라)'라는 글이 적혀 있는 걸 보면 기독교는 미국인의 생활 속에 깊이 뿌리박혀 있음을 알 수 있습니다.

종교가 있는 사람이 없는 사람보다 성공의 확률도 높으며 건강하고 오래 산다고 하니 신앙생활을 해 보는 것도 나쁘지 않을 것 같습니다.

5. 길 묻기(asking for direction)

A : Excuse me, can I ask you something?

실례지만 뭐 좀 물어도 될까요?

B : Sure, Wha is it?

예, 물어보십시오.

A : I think I am lost.

제가 길을 잃어버린 것 같은데요.

Where is the bus terminal?

버스 터미널은 어디에 있습니까?

다른 표현 : How do I get to the bus terminal?

버스 터미널에 어떻게 가지요?

Do you know where the bus terminal is?

버스 터미널이 어디에 있는지 알고 계신가요?

Can you tell me how to get to the bus terminal?

버스 터미널에 어떻게 가는지 말해 주시겠어요?

B : I know where it is. You just go down two blocks.

어디에 있는지 알고 있습니다. 두 블럭 내려 가세요.

다른 표현 : Go straight, you will see the bus terminal on your right side.

똑바로 내려가시면 오른쪽에 버스 터미널이 있습니다.

Turn left at the traffic light, The bus terminal is right there.

신호등에서 왼쪽으로 도세요. 바로 거기에 버스 터미널이 있습니다.

You see the gray building, That is the bus terminal. You can't miss it.

회색 건물이 보이지요, 그것이 버스 터미널입니다. 그것을 놓칠 리 없습니다.

Make right here, You can find it easily.

여기서 오른쪽으로 도세요, 당신은 쉽게 그것을 찾을 수 있습니다.

A : Can you help me please.

도와주시겠어요?

I am looking for a post office around here.

이 근처에서 우체국을 찾고 있는데요.

B : I am terribly sorry, I am a stranger here myself.

미안하지만 저도 이곳이 낯선 곳입니다.

다른 표현 : I am sorry, I don't know much about this town.

미안하지만 이 타운에 대해서 저도 아는 것이 없습니다.

No idea, I am not familiar with this town.

모르겠는데요. 저도 이 타운이 익숙치 않습니다.

Why don't you ask someone else please?

다른 사람에게 물어보지 그러세요?

A : I will. Thank you so much anyway.

그렇게 하지요. 어쨌든 감사합니다.

읽어 보기

영어는 동일한 상황에서도 표현 방식이 다양한 언어입니다. '물 한 잔 주세요'를 영작하면 최소한 열 개 이상의 문장으로 표현할 수 있습니다. 영어는 단어와 문장을 많이 외워서 회화 실력을 향상시키는 것이 아니고 유창한 회화를 위해서는 먼저 문형을 머릿속에 각인시킨 후 알고 있는 단어들을 사용하여 스스로 원하는 문장을 만들 수 있는 실력을 갖춰 나가야 합니다.

영어 문장은 24 개의 고정된 문형을 통하여 만들어집니다.(문형 편 참조)
문형(sentence pattern)을 완벽하게 외운 후 문형 안에서 단어만 바꾸어 줌으로써 하고 싶은 말을 할 수 있게 됩니다.

유창한 회화를 위한 첫걸음은 문형이 어느 정도 머릿속에 각인되어 있어야 합니다.
문장을 만든 후에는 평서문을 부정문 또는 의문문으로, 12 시제로 그리고 수동태 문장으로 쉽고 빠르게 바꾸어 사용할 수 있는 능력을 가져야 합니다.

대화 시 말을 잘 알아듣지 못했을 때는 미안해하지 말고 한 번 더 말해 달라고 부탁하십시오.

Can you say it again please?	다시 한번 그것을 말해 주시겠어요?
Say it again please?	그것을 다시 한번 말해 주시겠어요?
Could you speak it slowly one more time?	천천히 다시 한번 말해 주시겠어요?
I am sorry?	다시 한번 말해 주시겠어요?
I am sorry I didn't hear you.	미안하지만 못 알아들었습니다.
I am sorry I didn't catch that.	미안하지만 못 알아들었습니다.
What was that?	뭐라구요?
I beg your pardon?	한 번 더 말해 주시겠어요?

Excuse me? 한 번 더 말해 주시겠어요?

What did you say just now? 방금 뭐라고 그러셨죠?

I am sorry I didn't understand you. Say it again please.

미안하지만 당신의 말을 이해 못 했습니다. 한 번 더 말해 주세요.

I am terribly sorry, Would you please say it slowly?

미안하지만 천천히 말해 주시겠어요?

I am not so good at English, can you say it again please?

저는 영어가 서툽니다. 한 번 더 말해 주시겠어요?

6. 음식(food)

A : Have you tried Korean food?

한국 음식을 먹어 본 적이 있습니까?

B : Yes, I have tried it.

예, 먹어 본 적이 있습니다.

A : How did you like it?

한국 음식이 괜찮았습니까?

B : Yes, it was so delicious. I will try it again.

예, 정말 맛이 있었습니다. 또 먹어 볼 생각입니다.

A : What kind of Korean food did you try?

어떤 종류의 한국 음식을 먹어 보셨나요?

B : I tried galbi. That was so great.

갈비를 먹었는데 정말 좋았습니다.

I believe that Galbi is more delicious than steak.

갈비가 스테이크보다 더 맛있다고 생각합니다.

A : Do you know how to use chopsticks?

젓가락을 사용할 줄 아세요?

B : I don't know how to use chopsticks. So I used fork.

젓가락을 사용할 줄 몰라서 포크를 사용했습니다.

A : You can use fork instead of chopsticks.

젓가락 대신 포크를 사용하셔도 좋습니다.

I think you can learn how to use chopsticks.

나는 당신이 젓가락 사용을 배울 수 있다고 생각합니다.

It is not that hard.

그걸 배우는 건 그다지 어렵지 않아요.

B : Sonds good. I think I have to learn how to use it.

그렇군요. 젓가락 사용을 배워야 할 것 같군요.

A : I want to take you to a Korean restaurant sooner or later.

조만간 한국 음식점에 모시고 싶습니다.

B : Thank you so much for your suggestion.

당신의 제안에 대단히 감사합니다.

I will be looking forward to it.

그럴 기회를 기다리고 있겠습니다.

읽어 보기

여러 민족이 함께 모여 사는 뉴욕에는 세계 각국의 다양한 음식점들이 많이 있습니다. 한국 음식점도 많은데 한국 음식은 건강식이고 평판도 좋아 한국 음식을 좋아하는 미국인들도 계속 늘어나고 있는 추세입니다. 그럼에도 미국에서 동양 음식이라면 여전히 중국 음식과 일본 음식 그다음은 태국 음식 순입니다.

미국 사람들의 음식에 대한 고정관념은 피자, 햄버거, 핫도그, 콜드컷, 스테이크, 파스타처럼 한 가지 음식과 음료수만으로 완벽한 식사를 즐길 수 있다고 믿습니다.

중국 음식이 전 세계 어디서나 인기를 끌 수 있었던 이유는 현지인의 입맛에 맞게 바꾼 후 단품 음식을 간단하게 종이팩에 넣어서 대중적인 가격으로 판매했기 때문이라고 합니다.

한국 음식이 미국에서 성공하려면 먼저 한국 음식의 장점(건강식, 단백한 맛)을 충분히 살린 후 김밥, 라면, 떡볶이, 잡채, 만두 등 단품 식사를 현지인의 입맛에 맞춰 개발한 후 대중적인 가격과 위생적인 포장 방법으로 제공한다면 한식도 얼마든지 세계화가 될 수 있으리라 믿습니다.

미국은 나라도 크고 다민족 사회이기 때문에 상품에 대한 적극적인 홍보 활동은 필수적입니다.
아무리 좋은 상품과 아이디어라도 홍보가 부족하면 사장될 수밖에 없는 곳이 미국입니다.

7. 영어공부(learning English)

A : You speak English very well.

영어를 잘하시는군요.

B : Thank you for your compliment,

칭찬해 주셔서 감사합니다만,

I am still trying to learn more English.

여전히 더 많은 영어를 배우기 위해서 노력하고 있습니다.

A : I think you have to remember three things to speak it fluently.

영어를 유창하게 하기 위해서는 3 가지를 명심해야 한다고 생각합니다.

First, Don't worry about making mistakes.

첫째, 실수하는 걸 걱정하지 마세요.

Second, Don't try to speak English fluently.

둘째, 유창하게 영어를 말하기 위해서 애쓰지 마세요.

You just follow your heart.

마음이 가는 대로 말하세요.

Third, Don't think too much when you speak English.

셋째, 영어를 말할 때 너무 많이 생각하지 마세요.

B : I really appreciate your wonderful advices.

당신의 훌륭한 조언에 진심으로 감사드립니다.

A : How can I improve my English?

어떻게 내 영어 실력을 향상시킬 수 있을까요?

B : The best way to improve your English is to study basic English grammar.

당신의 영어를 향상시키기 위한 최고의 방법은 기본 문법을 공부하는 것입니다.

A : What makes you think so?

왜 그렇게 생각하시죠?

B : Once you master grammar, you can read, write, speak and understand English very well.

일단 문법에 숙달하면 당신은 능숙하게 읽고 쓸 수 있으며 말하고 알아들을 수 있습니다.

A : I believe you are right.

나는 당신이 옳다고 생각합니다.

I will study basic English grammar very hard.

기본 영문법을 열심히 공부하겠습니다.

B : It takes time for anybody to speak English well.

누구나 영어를 잘하기 위해서는 시간이 걸립니다.

The important thing is that you have to study it everyday.

중요한 것은 매일 영어를 해야 한다는 것입니다.

A : I see. I will study basic English grammar everyday.

알겠습니다. 매일 영문법을 공부하겠습니다.

B : I am glad that my advice was helpful to you.

내 조언이 도움이 되었다니 기쁩니다.

읽어 보기

미국에 사는 기간과 영어 실력은 별개입니다. 오래 살아도 영어를 못하는 사람들도 있고 미국 생활이 짧지만 영어를 잘하는 사람들도 많습니다. 영어는 미국에 산다고 해서 저절로 배워지지 않습니다. 미국에 살아온 기간과는 상관없이 열심히 공부한 사람만이 잘할 수 있습니다.

미국에 살면서 영어를 공부하면 한국에서 공부하는 것보다 훨씬 빠른 속도로 영어 실력이 향상되는 것은 사실입니다. 집 밖에 나가면 모든 사람들이 영어를 사용하며 사회적 시스템과 생활 환경이 영어로 이루어져 있으므로 영어를 배우기가 한국보다 훨씬 유리하지만 이러한 최상의 조건도 공부하지 않으면 결코 도움이 되지 않습니다.

유창한 영어를 위해서는,

1. 실수하는 것을 두려워하지 마세요(Don't be afraid of making mistakes).
2. 유창하게 말하려고 애쓰지 마세요(Don't even try to speak English fluently).
3. 영어로 생각하지 마세요(Don't think in English when you speak it).

미국인과 대화 시 실수를 걱정할 필요가 없습니다. 실수하면서 배우는 게 언어 습득입니다. 유창하게 말하려고 노력하지 마세요. 영어 실력 향상은 누구에게나 시간이 필요하며 원어민은 당신의 실력을 꿰뚫어 보고 있습니다. 영어로 생각하지 마세요. 성인이 된 후 미국에 왔다면 아무리 오래 살아도 사고방식이 바뀌지 않습니다.

최고의 영어 학습 방법은 다음과 같습니다. 틀림없이 영어에 성공합니다.

1. 매일 3 시간 정도 3 개월 이상 계속합니다

언어 공부는 짧은 기간(3 개월~6 개월)에 최고의 집중력으로 강도 높게 공부해야만이 최고의 효과를 볼 수 있습니다. 인간의 뇌는 매일매일 공부할 때 그 효과가 극대화됩니다. 언어 습득은 천천히 조금씩 오래 공부하는 것이 아니고 적극적인 방법으로 짧은 시간 내에 끝내야 합니다.

2. 올바른 교재의 선택은 시간과 노력을 크게 단축시킵니다

영어 공부를 함에 있어 교재의 선택은 매우 중요합니다. 중학교 수준의 기본 문법책과 명성 있고 평판 좋은 두꺼운 종이 사전을 구입합니다. 개인적으로는 민중서림의 영한사전을 강력 추천합니다. 문법책은 한 번씩 읽을 때마다 실력이 늘어나므로 영어가 아주 유창해질 때까지 계속 반복해야 합니다.

3. 분야별로 나누어서 공부합니다

하루 몇 시간을 공부하든지 여러 분야로 나누어서 공부해야 합니다. 한두 가지 분야에 집중하기보다는 문법 공부, 작문 공부, 단어 외우기, 듣기 훈련, 큰 소리로 책 읽기 등 시간을 부분별로 잘 배분해서 공부하는 것이 시너지 효과를 가져올 뿐 아니라 단기간에 실력이 향상됩니다.

8. 휴가(vacation)

A : I hear that you would take a vacation next month.

다음 달에 휴가 가신다고 들었는데요.

Where do you go on vacation?

어디로 휴가 가세요?

다른 표현 : What will you do on your vacation?

휴가에 무엇을 하시겠어요?

What is your plan for the vacation?

휴가를 위한 당신의 계획은 무엇인지요?

Do you have any place you want to visit?

방문하고 싶은 어떤 장소라도 있나요?

B : I have no idea yet, I have to discuss it with my family.

아직 특별한 계획은 없습니다. 가족과 의논해 봐야 될 것 같습니다.

A : I see. I hope you will have a wonderful plan for your vacation.

알겠습니다. 휴가를 위한 멋진 계획을 세우시길 바랍니다.

B : Sure, I will do my best to enjoy my vacation.

물론이죠. 휴가를 즐기기 위해서 최선을 다해야죠.

A : I am told that you will go to Texas for your vacation.

휴가로 텍사스에 간다고 들었는데요.

What made you choose Texas?

왜 텍사스를 선택하셨습니까?

다른 표현 : Do you have any reason to visit Texas?

텍사스를 방문해야 할 어떤 이유라도 있습니까?

B : I have some reasons to go there.

거기에 가야 할 이유가 좀 있습니다.

I have a lot of friends in Texas as well.

뿐만 아니라 나는 텍사스에 친구가 많습니다.

A : Do you fly or drive?

비행기로 가십니까, 아니면 자동차로 가십니까?

B : I am going to drive.

자동차로 갈 작정입니다.

I love to enjoy the scenery around highways.

저는 고속도로 주변의 경치를 즐기는 것을 좋아합니다.

And the highways are very safe and convenient.

그리고 고속도로는 매우 안전하고 편리합니다.

A : sounds like a plan.

멋진 계획이군요.

All you have to do is to drive carefully and safely.

안전하고 조심스럽게 운전만 하면 되겠군요.

B : Yes, I should. Thinking about my vacation excites me.

물론 그래야죠. 휴가를 생각만 해도 흥분됩니다.

A : I hope you enjoy your vacation and have a safe trip.

휴가를 즐기시고 안전한 여행이 되길 바랍니다.

B : Thank you for your concern.

신경 써 주셔서 감사합니다.

A : Where did you go on vacation?

휴가로 어디를 다녀오셨습니까?

B : I went to Paris on my vacation.

휴가로 파리에 다녀왔습니다.

A : Was this your first time to Paris?

이번이 첫 파리 여행이었나요?

B : Yes, This was my first time.

예, 이번이 처음이었습니다.

A : How did you like it?

파리는 어땠어요?

B : Oh, That was a beautiful city. I loved it.

파리는 정말 아름다웠습니다. 마음에 들었어요.

The city is worth seeing.

그 도시는 볼 만한 가치가 있습니다.

Have you been to Paris?

당신은 파리에 가 본 적이 있으세요?

A : No, I have not been to Paris.

아니요, 파리에 가 본 적이 없습니다.

I wish I could go there some day.

나도 언젠가 거기 갈 수 있으면 좋겠군요.

B : You will love the city when you see it.

당신도 그 도시를 보면 정말 좋아할 것입니다.

A : I believe so.

저도 그렇게 믿습니다.

I enjoyed talking to you.

당신과의 대화가 즐거웠습니다.

B : You know what they,

이런 말이 있잖아요.

The fool wanders, a wise man travels.

바보는 방황하고 현명한 사람은 여행한다고.

읽어 보기

휴가를 다녀온 후 친구와 대화합니다.

친구 : I am told that you went on vacation. Where were you?
　　휴가 다녀왔다고 들었는데 어디 갔다 왔니?
나 : I was in Greece. I really had a great time there.
　　그리스에 갔다 왔지. 정말로 즐거웠어.
친구 : What made you go there?
　　거기에 간 특별한 이유라도 있니?
나 : I always wanted to see the country, especially Corinth and Thessaloniki.
　　나는 항상 그 나라를 보고 싶었어, 특히 고린도와 데살로니카를.
친구 : So, how was it?
　　그래서 어땠는데?
나 : It was great. I think that I made a wonderful choice.
　　정말 근사했어. 나는 내가 정말 훌륭한 선택을 했다고 생각해.

Where were you on your vacation?	휴가로 어디를 갔나요?
I was in Boston for my vacation.	보스턴으로 휴가를 다녀왔습니다.

have been to…… : ……에 가 본 적이 있다(현재완료형)

Have you been to Paris?	파리에 가 본 적이 있습니까?
Yes, I have been to Paris.	예, 나는 파리에 가 본 적이 있습니다.
No, I have not been to Paris.	아니요, 나는 파리에 가 본 적이 없습니다.

have been in…… : (계속해서) 체재하고 있다(현재완료형)

How long have you been in Paris?	파리에 얼마 동안 체재하고 있나요?
I have been in Paris for three years.	나는 파리에 3 년 동안 체재하고 있습니다.

9. 자동차 여행(traveling in a car)

A : What do you do this weekend?

이번 주말에 무엇을 하시죠?

B : I will drive to Washington DC to visit my uncle.

삼촌을 만나러 자동차로 워싱턴 DC에 갈 것입니다.

A : How long does it take from New York city to Washington DC?

여기 뉴욕에서 워싱턴 DC까지 얼마나 걸리죠?

B : It takes about 5 hours to get there.

거기까지 약 5 시간 걸립니다.

A : Is driving safe on highway?

고속도로에서 운전은 안전합니까?

B : Of course, It is very safe as long as you follow the traffic rules.

물론이죠. 교통법규를 잘 지키면 매우 안전합니다.

Also, there are many service areas for travelers on highways.

뿐만 아니라 고속도로 위에는 여행자를 위한 많은 휴게소가 있습니다.

People say that America is the best country to travel in a car.

미국은 자동차 여행을 하기에 최고의 나라라고 사람들은 말합니다.

A : I wish I could drive across the country someday.

나도 언젠가 대륙 횡단 여행을 하고 싶군요.

B : I believe you will have a chance like that in the near future.

조만간 그러한 기회를 가질 거라고 믿습니다.

You will learn a lot of things about America through the travel.

당신은 여행을 통해서 미국에 관해 많은 것을 배울 것입니다.

A : That is what I heard.

저도 그렇게 들었습니다.

They say, Traveling makes people young and energetic.

사람들은 여행은 사람을 젊고 활기차게 한다고 말하죠.

B : That is why people love travels.

그것이 사람들이 여행을 좋아하는 이유죠.

읽어 보기

미국인들은 자동차 여행을 매우 좋아합니다. 미국 고속도로의 총 길이는 약 4 만 7 천 마일(7 만 5 천 킬로미터) 정도라고 하며 고속도로 외에도 미국은 국도와 주도로 덮여 있어 자동차 여행을 위한 최상의 조건을 갖추고 있습니다.

미국의 모든 도로 표지판에 있는 숫자들은 모두 특별한 의미를 가지고 있습니다. 예를 들어 고속도로의 짝수(66, 80, 86)는 동서를 의미하고 홀수(41, 71, 91)는 남북 도로를 의미하며 280, 405 등은 위성 고속도로를 의미합니다. 각종 교통표지판과 사인 등의 의미와 뜻을 충분히 이해하면 자동차 여행에 큰 도움이 됩니다.

고속도로 선상에는 운전자를 위한 휴게소(service area)가 많이 있는데 휴게소에는 visiter center, 주유소, 패스트푸드 레스토랑, 화장실 등 가종 편의시설도 함께 있습니다. 미국의 어느 곳이든 고속도로 주위에는 호텔 등 숙박시설이 많이 있어 자동차 여행을 하는 데 불편함이 없습니다.

자동차 여행의 가장 큰 장점은 이동이 자유롭고 짧은 시간에 많은 곳을 볼 수 있다는 점입니다. 비행기나 버스 등 다른 교통편을 이용하는 데 소비되는 시간과 번거로움을 줄일 수 있으며 매 순간 여행루트를 결정할 수 있는 장점이 있습니다.

자동차 여행의 단점은 도로 위에서 보내는 시간이 많으므로 피곤해지기 쉽다는 것입니다. 무리하지 않는 상태에서 항상 충분한 휴식을 취하면서 여행을 계속해야 합니다. 자동차 여행에는 예기치 않은 일들이 발생할 수 있으므로 항상 둘 이상 함께해야 합니다.

미국은 생각보다 큰 나라고 지역마다 문화와 역사가 다르며 볼거리도 많은 나라입니다. 여행은 아는 만큼 보인다고 하니 여행 전 방문하는 지역의 문화와 역사, 꼭 봐야 할 곳, 숙박 및 편의 시설, 현지 기후 등을 충분히 숙지한 후 실행에 옮겨야 합니다.

10. 운동(work out)

A : You look great.

아주 좋아 보이는데요.

다른 표현 : You are in good shape.

몸이 균형 잡혀 보이는데요.

You look healthy.

건강해 보이는데요.

You look stong and energetic all the time.

당신은 항상 건강하고 활기차고 좋아 보입니다.

What do you do to keep in shape?

몸매를 유지하기 위해서 무엇을 하나요?

B : I think I am flattered.

당신의 칭찬에 감사합니다.

I go to the gym three times a week.

일주일에 세 번 체육관에 갑니다.

You look great too, what do you do for exercise?

당신도 건강해 보이는군요. 무슨 운동을 하세요?

A : I just walk about 3 miles everyday.

나는 약 3 마일 정도 매일 걷습니다.

I am sure that walking is a great exercise too.

나는 걷는 것도 매우 훌륭한 운동이라고 확신합니다.

B : You are right.

그렇습니다.

Many people stay healthy through walking.

많은 사람들이 걷기를 통해서 건강을 유지합니다.

You lose everything if you lose your health.

만일 건강을 잃으면 모든 것을 잃는 것이죠.

A : That is true.

그렇고 말고요.

People say, a sound mind in a sound body.

사람들이 그러죠, 건강한 몸에 건강한 정신이 깃든다고 하지요.

Money can't buy health.

돈으로는 건강을 살 수 없지요.

B : Sure thing.

물론이지요.

The most important thing in life is to keep health.

인생에 있어서 가장 중요한 것은 건강을 유지하는 것이죠.

읽어 보기

미국인들이 운동을 좋아하는 이유는 운동에 적합한 미국의 자연환경도 한몫하지만 미국인들은 태생적으로 운동을 좋아하는 사람들입니다.

미국의 청소년들은 어려서부터 야구, 농구, 미식축구, 테니스 등 한 가지 이상의 운동을 배웁니다. **운동 정신(sportsmanship)을 통해서 호연지기와 협동심, 깨끗한 승부정신을 배우고 더 나아가 상대방에 대한 존중과 신사도를 배우게 됩니다.**

A : What kind of sprots do you like?
어떤 운동을 좋아하세요?
B : I like basketball.
농구를 좋아합니다.
A : I love basketball too.
나 역시 농구를 좋아합니다.
Actually, I was on the team in high school.
실제로 나는 고교 시절 선수였습니다.
B : Yes, you were. I used to enjoy basketball with friends.
그러셨군요. 나는 친구들과 농구를 즐기곤 했죠.
I still miss those days.
여전히 그때가 그립군요.

A : You look very healthy. I believe you work out.
매우 건강해 보이는군요. 운동을 하고 계시죠.
B : Yes, I do. I love to play tennis.
예, 운동을 합니다. 테니스를 아주 좋아합니다.

A : How long have you been playing tennis?

얼마나 오랫동안 테니스를 해 오셨나요?

B : Around thirty years, I started it when I was 14.

약 30 년 정도, 14 세 이후로 계속하고 있습니다.

A : I envy you. I wish I could learn it.

당신이 부럽군요. 나도 배웠으면 좋겠습니다.

B : Of cours, You can do it.

물론 당신도 배울 수 있습니다.

That is a very interesting sport.

테니스는 매우 흥미진진한 운동입니다.

A : I believe so.

저도 그렇게 믿습니다.

I will learn to play tennis sooner or later.

조만간 테니스를 배워 보겠습니다.

11. 초청(invitation)

A : Do you have time this weekend?

이번 주말에 시간 좀 있으세요?

다른 표현 : What do you do this weekend?

이번 주말에 무얼 하세요?

Do you have any special plan for this weekend?

이번 주말 동안 특별한 계획이 있으세요?

Whar are you going to do this weekend?

이번 주말에 무엇을 할 작정이세요?

B : I think I will be free this weekend.

이번 주말에는 별일이 없는데요.

다른 표현 : I have nothing to do this weekend.

이번 주말에 특별히 할 일이 없습니다.

I think I have to visit my cousin's house this weekend.

이번 주말에 사촌집을 방문할 예정인데요.

I don't know, I have no idea yet for this weekend.

글쎄요, 아직까지는 주말을 위해서 별다른 계획은 없습니다.

A : We are going to have a garden party at my house this weekend.

이번 주말 저희 집에서 가든 파티를 할 작정인데요.

Can you come please?

오실 수 있겠어요?

다른 표현 : Can you join the party?

오실 수 있겠어요?

Will I see you at my house?

당신을 내 집에서 볼 수 있을까요?

B : Yes, I will be there.

예, 가겠습니다.

Thank you so much for inviting me.

초청해 주셔서 감사합니다.

What should I bring to your party?

당신의 파티에 무엇을 가져갈까요?

거절하는 경우 : Thank you so much but I have other plans.

감사합니다만, 다른 계획이 있습니다.

I wish I could go there but I already have an appointment.

갔으면 좋겠는데 이미 약속이 있습니다.

I am sorry I can't make it. I hope everybody enjoys your party.

미안하지만 갈 수 없군요. 그러나 모두가 당신의 파티를 즐기기를 바랍니다.

Not this time, Can you give me a rain check on that please?

이번은 안 되지만 다음 번 파티에는 불러 주시겠어요?

읽어 보기

파티에 초대를 받은 후 갈 생각이라면 '무엇을 가져갈까요?(What should I bring?)' 하고 물어보는 것이 예의입니다.

초청한 사람이 'You just bring a bottle of wine if you don't mind.(괜찮으시다면 포도주 한 병 가져오세요)' 또는 'Soda or snack will be fine.'라고 말하면 음료수나 스낵 정도를 준비해 가면 됩니다. **'You don't have to bring anything, just come.(아무것도 가져올 필요 없습니다. 그냥 오세요)' 또는 'Bring nothing, just show up.(아무것도 가져오지 말고 그냥 오세요)' 할 수도 있습니다.**

대도시를 제외한 미국의 집들은 대부분 넓은 뜰을 가지고 있어서 겨울을 제외하곤 쉽게 모일 수 있는 여건이 됩니다. 미국인들이 말하는 파티라는 게 무슨 대단한 것이 아니고 가까운 사람 또는 이웃이 모여서 가벼운 식사(햄버거 또는 핫도그 등)와 맥주와 스낵, 음료수 등을 즐기면서 몇 시간 담소하고 헤어지는 것을 파티라고 합니다.

영어가 부족하기 때문에 그들의 초청에 주저할 필요는 없습니다. 약간의 용기가 필요하겠지만 적당히 들어 주고 함께 웃어 주면 됩니다. 미국인들과 자주 모이다 보면 미국 생활에 대한 자신감과 친구도 생기며 그들의 문화와 정서를 배울 수 있는 좋은 기회가 됩니다.

제4 장

100 개의 질문들 편

대화의 시작은 가볍고 단순한 질문에서부터 시작됩니다.
대부분의 대화는 특정된 주제를 가지고 시작되는 것이 아니고 말을 하다 보면 이야깃거리가 생기고 그러다 보면 주제가 생깁니다.

대화를 통해서 영어에 대한 자신감을 높이고 미국인들의 정서와 가치관, 그들의 문화와 풍속을 이해할 수 있으며 연령대를 초월한 각계각층의 사람들과 친구가 되기도 합니다.

대화의 수준은 개인의 지적 수준과 상식, 학식에 따라 다를 수 있으며 화제는 서로 간의 공통 관심사를 통해서 결정됩니다.
영어가 모국어가 아닌 사람들에게 미국인과의 회화는 다소 부담이 되는 건 사실입니다. 그러나 넉넉한 마음으로 한두 마디로 끝나는 것이 회화가 아니라는 걸 명심하고 상대방의 질문과 대화의 흐름을 잘 이해하면서 한 마디씩 해 나간다면 누구나 길게 이야기할 수 있습니다.

여기에 소개하는 100 가지 질문들은 미국인들이 일상생활에 빈번하게 사용하고 있는 표현들이므로 여러분들의 회화 실력을 크게 향상시킬 것입니다.

영어는 약간 큰 소리로 말을 해야 하며 쉬운 문장이 능숙해질 때까지 **질문과 대답들을 함께 묶어** 반복하면 더 많은 효과를 얻을 수 있습니다.

1 번에서 5 번

1. What is your name?
   당신의 이름은 무엇입니까?
2. Can I talk to you for a second?
   잠깐 당신과 얘기 나눌 수 있습니까?
3. Do you speak English?
   영어를 말할 수 있습니까?
4. Are you looking for something?
   무언가를 찾고 계십니까?
5. Where is the rest room?
   화장실이 어디 있습니까?

- 1 번 : 'What is your name?'보다는 'Can I ask your name please?(당신의 이름을 물어도 되나요?)' 이것이 더 정중한 표현입니다.
- 3 번 : 'Do you speak English?'라는 질문은 상대방의 영어 실력을 묻는 무례한 표현이 아니고 영어라는 언어를 사용하는지 묻는 질문입니다. 이런 경우 영어를 할 수 있다면 'Yes, I do', 할 수 없다면 'No Englsih' 또는 'No, I don't speak it(저는 영어를 구사하지 않습니다)'.
- 4 번 : Are you looking for something? = Do you look for something? 대형 마켓 등에서 두리번거린다면 이런 질문을 받을 수 있습니다. 이럴 때는 'Yes, I am looking for ○○. Could you help me please?(예, 나는 ○○을 찾고 있습니다. 도와 주시겠습니까?)'

6 번에서 10 번

6. Where are you from?
   어디 출신이지요?
7. Do you need help?
   도움이 필요하세요?

8. Do you have siblings?
형제자매가 있나요?

9. How much is it?
그것은 얼마입니까?

10. Did you like it?
그것이 마음에 들었습니까?

- 6 번 : Where are you from? 또는 Can I ask where you are from? 어디서 왔는지 또는 고향이 어디인지를 묻는 표현입니다. 'I am from New Jersey. (나는 뉴저지 출신입니다)', 'I am from Korea. (나는 한국에서 왔습니다)'라고 대답하면 됩니다.
'Where in New Jersey are you from?(뉴저지 어디 출신이세요?)' 또는 'Where in Korea are you from?(한국 어디서 오셨습니까?)'에 대한 대답은,
'I am from Madison NJ. (나는 뉴저지 메디슨에서 왔습니다)', 'I am from Seoul Korea. I was born and raised there. (나는 한국 서울에서 왔습니다. 나는 거기서 태어나고 자랐습니다)'.
- 7 번 : 'Do you need help?'라는 말을 들었을 때 도움이 필요하다면 'Yes, I need help. (나는 도움이 필요합니다)'. 도움이 필요 없다면 'No, Thanks. I am fine. (괜찮습니다. 감사합니다)'.
- 8 번 : 'Do you have siblings?'에 대한 답은 'Yes, I have two brothers and one sister. (예, 나는 남자 형제 두 명과 여자 형제가 있습니다)' 또는 'I have no siblings. (나는 형제자매가 없습니다)'.
- 9 번 : How much is it? 물건값을 물어보는 가장 일반적인 질문입니다.
- 10 번 : Did you like it? 직역은 '그것을 좋아했습니까?' 또는 '그것이 마음에 들었습니까?'.
Did you like the movie?(그 영화 재미있었나요?)
Did you like the food?(음식이 맛있었나요?)

11 번부터 15 번

11. Do you have relatives in America?

미국에 친척들이 살고 있나요?

12. What do you do weekends?

    주말에는 무엇을 하세요?

13. How old are you?

    몇 살이신지요?

14. Where do you live?

    어디서 사세요?

15. Have you been to New York?

    뉴욕에 가 본 적이 있으세요?

• 12 번 : 'What do you do weekends?'에 대한 대답은,
  I go fishing weekends. (주말에는 낚시 갑니다.)
  I just relax myself. (나는 그냥 쉽니다.)
  I do chores on the weekends. (주말에는 집안일을 합니다.)
  I have nothing to do weekends. (주말에는 특별한 일이 없습니다.)

• 13 번 : 'How old are you?'보다는 'Can I ask how old you are?'가 정중한 표현입니다. 대답은,
  I am a little over thirty. (30 세가 조금 넘었습니다.)
  I am close to 50. (50에 가까운 나이입니다.)
  I am 27. (27 세입니다.)
  I will turn 35 next month. (다음 달에 35 세가 됩니다.)

• 14 번 : 'Where do you live?'라는 질문에 'I live in Boston now. But I used to live in Chicago. (나는 지금 보스턴에 살지만 시카고에 살았습니다)'라고 답할 수 있습니다.

• 15 번 : 'Have you been to NY?(뉴욕에 가 본 적이 있습니까?)'를 'Did you go to NY?' 하면 안 됩니다. 대답은 'Yes, I have been to NY. (나는 뉴욕에 가 본 적이 있습니다)' 또는 'No, I have not been to NY. (아니요, 뉴욕에 가 본 적이 없습니다)'.
  → I have been to…… ……에 가 본 적이 있다(현재완료형).

16 번부터 20 번

16. When do you expect him back?
    그가 언제 돌아오죠?
17. What is your favorite food?
    가장 좋아하는 음식은 무엇입니까?
18. Do you know how to use chopsticks?
    젓가락을 사용할 줄 아시나요?
19. What is the population of your country?
    당신 나라의 인구는 얼마나 되지요?
20. What was your major in college?
    대학에서 당신의 전공은 무엇이었습니까?

- 17 번 : 미국인들은 favorite라는 단어를 많이 사용합니다. 형용사로서 '매우 좋아하는', 명사로서 '매우 좋아하는 것'의 뜻이 있습니다. 형용사로서 my favorite friend, my favorite food, my favorite place(내가 아주 좋아하는 친구, 음식, 장소). 명사로서 This is my favorite. (이것은 내가 가장 좋아하는 것이다).
- 18 번 : Do you know how to use ……? 이 문장에서 how to use(명사구)는 완전 타동사 know의 목적어가 됩니다.
  Do you know where to go?(어디로 가는지 아세요?)
  Do you know what to do tomorrow?(내일 무엇을 해야 할지 아세요?)
  Do you know when to leave?(언제 떠나는지 아세요?)
  Do you know how to make it?(그것을 어떻게 만드는지 아세요?)
- 19 번 : The population of my country is 50 millions. (우리나라 인구는 오 천만 명입니다.)
- 20 번 : My major in college was literature. (대학에서 내 전공은 문학이었습니다.)

21 번에서 25 번

21. Are you married?

결혼하셨습니까?

22. Do you have children?

    자녀들이 있나요?

23. Who do you love most in the world?

    세상에서 누구를 가장 사랑하세요?

24. What sport do you like best?

    무슨 운동을 가장 좋아하십니까?

25. What do you think of my new car?

    내 새 자동차에 대해서 어떻게 생각하십니까?

- 21 번 : Are you married? 이런 질문은 처음 본 사람에게는 할 수 없지만 몇 번 만난 사이라면 할 수 있는 질문입니다. 'I am married and I have two sons.(나는 결혼했고 두 아들이 있습니다)' 이렇게 대화 중에 자신을 소개하는 사람들도 많습니다.
- 23 번 : Who do you love most in the world?(세상에서 누구를 가장 사랑하십니까?) I love my wife most in the world.(저는 이 세상에서 제 부인을 가장 많이 사랑합니다)
- 25 번 : '……에 대해서 어떻게 생각하십니까'의 영작은 how가 아니고 반드시 what으로 시작합니다. What do you think of him(my new jacket, the deal, this restaurant)?(그 사람(내 새 재킷, 그 거래, 이 음식점)에 대해서 어떻게 생각합니까?)

26 번에서 30 번

26. Have you tried Korean food?

    한국 음식을 먹어 본 적이 있나요?

27. Do you dance?

    춤출 줄 아십니까?

28. What do you do tomorrow?

    내일 무엇을 하세요?

29. How often do you go to the cinema?

    얼마나 종종 극장에 가십니까?

30. How is your health?

건강은 어떠세요?

- 26 번 : Have you tried Korean food? 과거부터 지금까지의 경험을 말할 때는 반드시 현재완료형을 사용합니다.
  Have you seen the tiger?(호랑이를 본 적이 있습니까?)
  Yes, I have seen the tiger. (예, 나는 호랑이를 본 적이 있습니다.)
- 28 번 : 현재형은 가까운 미래를 대신합니다.
  I have nothing to do tomorrow. (내일 해야 할 특별한 일은 없습니다) 또는,
  I have a couple of appointments tomorrow so I will be very busy. (내일 두세 군데 약속이 있어서 매우 바쁠 것 같습니다).
- 29 번 : how often은 '얼마나 자주'라는 말로 일상생활에 많이 사용하는 표현입니다.
  How often does the train leave?(그 기차는 얼마나 자주 출발합니까?)
  How often do you call your mother?(얼마나 자주 어머니께 전화합니까?)
  How often do you go out for dinner?(얼마나 자주 밖에서 저녁식사를 합니까?)
- 30 번 : How is ……?(……은 어떻습니까?)
  How is your new job?(새 직장은 어떠세요?)
  How is your family?(당신의 가족은 다 평안하십니까?)
  How is the weather there?(거기 날씨는 어떻습니까?)

31 번 에서 35 번

31. How far is it from here to the place?

여기서 그 장소까지는 얼마나 멉니까?

32. When does it start?

그것은 언제 시작합니까?

33. How late are you open?

몇 시까지 영업하십니까?

34. Do you know where the rest room is around here?

이 근처 화장실이 어디 있는지 알고 계십니까?

35. Where do you want to travel next?

다음에는 어디로 여행하길 원하십니까?

- 31 번 : 대답은 'It is about 10 miles from here to the place. (여기서 거기까지 약 10 마일 거리 정도입니다)'. It은 가주어로 날씨, 시간, 거리, 시간의 소요 등을 말할 때 주어로 사용합니다.

  It is raining. (비가 오고 있습니다.)

  It is 3 o'clock now. (3 시입니다.)

  It is about 30 miles from here. (여기서 약 30 마일 떨어져 있습니다.)

  It takes about 2 hours. (그것은 약 2 시간 걸립니다.)

- 33 번 : 같은 뜻으로 What are your business hours?(당신의 영업시간은 무엇입니까?) 대답은 'We are open from 9 to 7.', 'Our business hours are from 9 to 7. (9 시부터 7 시까지 영업합니다)', 'We are open until 7 pm. (오후 7 시까지 영업합니다)'.

- 34 번 : 완전 타동사 know는 wh 절(when, where, how, who, which, why)을 목적어로 사용합니다. wh 절을 목적어로 사용하는 완전 타동사들은 know 외에 ask, tell, show 등입니다.

  I know where they live. (나는 그들이 어디서 사는지 알고 있다.)

  He asks why I was late. (그는 내가 왜 늦었는지 물어본다.)

  He tells when we should leave. (그는 언제 우리가 떠나야 할지를 말해 준다.)

  The report shows how the accident happened. (그 보고서는 사고가 어떻게 발생했는지 말해 준다.)

36 번에서 40 번

36. How was your trip?

당신의 여행은 어땠어요?

37. How are you feeling today?

오늘 기분이 어떠세요?

38. How is it going?

그 일은 어떻게 돼 가고 있습니까?

39. What is the occasion today?

오늘 특별한 일이라도 있나요?

40. How do you say "Thank you" in Korean?

한국어로 Thank you를 어떻게 말하죠?

- 36 번 : 'How was ……'는 과거의 경험에 대해서 묻는 표현입니다. 대답은 'That was great.(여행은 매우 좋았습니다)'.
  How was the weather?(날씨는 어땠어요?)
  How was the food?(음식은 어땠어요?)
  How was your date?(데이트는 즐거웠습니까?)
- 37 번 : 대답은 'I feel good(great).(기분이 좋습니다)', 'No complaint.(불만 없어요)', 또는 'I am not feeling good.(기분이 좋지 않습니다)', 'I am not in a good mood.(기분이 별로예요)'.
- 39 번 : 잘 차려 입은 친구에게 'You are looking beautiful(great). What is the occasion toady?(매우 멋져 보이는데, 오늘 특별한 일이라도 있습니까?)'. 대답은 'Today is my birtheday.(오늘은 제 생일입니다)', 'I was invited to the party today.(오늘 파티에 초대 받았습니다)'.
- 40 번 : 대답은 'We say "gamsahamnida" in Korean.(한국어로 "감사합니다"라고 말합니다)'.
  'How do you say "thanks" in French(in Spanish, in Chinese 등)?(불어(스페인어, 중국어 등)로 thanks를 무엇이라고 하지요?)' 이 문장은 외국어를 배우는 데 긴요하게 사용됩니다.

41 번 에서 45 번

41. What if he doen't come back?

만일 그가 돌아오지 않으면 어쩌죠?

42. Is there anything I can do for you?

내가 당신을 위해서 할 일이 있나요?

43. Where do I buy the ticket?

어디서 표를 구입하지요?

44. Can you keep an eye on my bag please?

제 가방을 잠시 봐 주시겠어요?

45. What do I have to see in this town?

이 타운에서 볼 만한 것이 무엇입니까?

• 41 번 : What if 다음에는 절(주어 + 동사)이 옵니다. '만일 ……하면 어쩌나'라는 의미입니다.

What if it rains tomorrow, (내일 비가 오면 어쩌나,)

What if I am fired, (만일 해고되면 어쩌나,)

What if the war breaks out, (만일 전쟁이 일어나면 어쩌나,)

What if I miss the plane, (만일 내가 그 비행기를 놓치면 어쩌나,)

• 42 번 : 'I will help you'보다는 더 성의 있는 표현입니다.

If there is anything I can do for you, please feel free to call me.

(만일 내가 당신을 위해서 할 수 있는 일이 있다면 서슴치 말고 전화하세요.)

• 43 번 : 'The tickets are sold at the ticket office. (티켓은 매표소에서 팔립니다)', 'You can buy the ticket at the ticket window. (매표소에서 사시면 됩니다)'.

• 45 번 : 'There are many things to see in this town. (이 타운에는 볼 만한 것이 많이 있습니다)' 또는 'We have a lot of attractions in this town. (이 타운에는 명소가 많습니다)'.

46 번 에서 50 번

46. Are you ready?

준비되셨습니까?

47. Are you angry at me?

저에게 화나셨어요?

48. Did something happen here?

여기서 무슨 일이 있었나요?

49. Are you in line?

당신은 줄 안에 있습니까?

50. What is your point?

당신의 요점은 무엇입니까?

- 46 번 : 일상생활에서 많이 쓰이는 표현입니다. 대답은 'Yes, I am ready(to go out). (나는 외출할 준비가 되어 있습니다)', 'I am ready to meet(to work, to leave, to challenge) him. (나는 그를 만날 준비가 되어 있다(일할, 떠날, 도전할 준비가 되어 있다))'.
- 49 번 : 어딜 가나 줄을 서는 게 미국이지만 이게 줄인지 아닌지 분간이 안 될 때가 많습니다. 이럴 때는 'Are you in line?(이게 줄인가요?)'라고 묻습니다. 대답은 'Yes, I am(in line). (이게 줄입니다)' 또는 'No, I am not in line. (나는 줄을 서고 있지 않습니다)'.
- 50 번 : 상대방의 말이 잘 이해되지 않는다면,

  What is your point? 도대체 당신이 하고 싶은 말이 무엇입니까?

  Get to the point please. 요점을 말하세요.

51 번에서 55 번

51. How long does it take for you to finish it?

당신이 그것을 끝내는 데 시간이 얼마나 걸리죠?

52. Are you familiar with this area?

당신은 이 지역이 익숙한가요?

53. Do I know you?

혹 제가 당신을 알고 있나요?

54. What are you doing here?

여기서 무얼 하고 계세요?

55. Do you like to chat with people?

사람들과 잡담하는 거 좋아하세요?

- 51 번 : take(완전 타동사)는 it를 가주어로 하여 '……시간이 걸리다'라는 뜻이 있습니다.
  It takes 2 hours for me to finish the job.
  내가 그 일을 끝내는 데 2 시간 걸립니다.
  How long does it take for the letter to get there?
  편지가 거기에 도착하는 데 시간이 얼마나 걸립니까?
  It takes four days for the letter to get there. 편지가 거기 도착하는 데 4 일 걸립니다.
  '당신이 여기까지 오는 데 시간이 얼마나 걸리죠?'의 영작은 'How long does it take for you to come here?'. 대답은 'It takes two hours for me to get there. (내가 거기까지 가는 데 2 시간 걸립니다)'.
- 52 번 : I am familiar with him. (the game, French, this town) 나는 그와 친숙하다. (그 게임에 익숙하다, 불어에 능숙하다, 이 타운에 익숙하다.)
- 53 번 : 'Do I know you?'는 얼굴이 낯익은 사람에게 '어디서 뵌 적이 있는 것 같은데요?'의 뜻입니다. 비슷한 표현으로 'You look familiar to me. (어디서 본 적이 있는데요)'.
- 54 번 : What are you doing here? 예기치 않은 장소에서 뜻밖의 사람을 만났을 때 사용합니다.

56 번 에서 60 번

56. Do you prefer spring or summer?
    봄과 여름 중 어느 쪽을 더 좋아하세요?
57. Are you an optimist or a pessimist?
    당신은 낙관론자입니까, 아니면 비관론자입니까?
58. Do you agree that she is honest?
    당신은 그녀가 정직하다는 것을 인정하십니까?
59. What is your blood type?
    당신의 혈액형은 무엇입니까?

60. What day is it today?

오늘은 무슨 요일이지요?

- 56 번 : prefer ……을 더 좋아하다.

  I prefer wine to beer.

  나는 맥주보다 포도주를 더 좋아한다.

  prefer는 비교급 than을 사용하지 않고 to를 사용합니다.
- 58 번 : agree를 완전 타동사로 사용하여 that 절을 목적어로 사용했습니다.

  Do you agree that he is guilty?

  당신은 그가 유죄라는 것에 동의합니까?

  agree는 완전 자동사로 더 많이 사용됩니다.

  I agree with you. 나는 당신과 동의한다.

  We agreed to help him. 우리는 그를 돕는 데 동의했다.
- 59 번 : 대답은 'My blood type is A. (나의 혈액형은 A입니다.)'
- 60 번 : 요일을 물을 때는

  What day is it today? 오늘은 무슨 요일이지요?

  Today is Monday. 오늘은 월요일입니다.

  날짜를 물을 때는 'What is the date today?(오늘은 몇 일이지요?)'

  Today is March second. 오늘은 3 월 2 일입니다.

61 번에서 65 번

61. Do you mind if I sit here?

    내가 여기 앉는다면 반대하시겠어요?

62. Why don't you ask around?

    여기저기 좀 물어보지 그러세요?

63. Can I call you back?

    제가 다시 전화할 수 있습니까?

64. Am I allowed to smoke here?

여기서 담배 피워도 됩니까?

65. What is wrong with you?

무슨 일이 있으세요?

- 61 번 : mind의 뜻은 의문문 또는 조건문에서 '꺼리다, 싫어하다, 반대하다'의 뜻이므로, 대답은 'No, I don't mind. You can sit here.(아니요, 나는 반대하지 않습니다. 앉으세요)'. 만일 누군가 앉기로 되어 있다면 'Sorry, It is taken.(미안하지만 누군가 앉을 겁니다)'.
- 62 번 : Why don't you shop around? 여기저기 가격을 좀 알아보지 그러세요?(가격, 품질)
  Why don't you ask around? 여기저기 알아보지 그러세요?(정보 취득)
- 64 번 : allow는 불완전 타동사(5 형식)로 많이 쓰이며 목적보어는 to 부정사가 됩니다.
  We allow you to stay here. 우리는 당신이 여기에 머무는 것을 허락합니다.(능동태)
  You are allowed to stay here(by us). 당신은 여기에 머무를 수 있습니다.(수동태)
- 65 번 : 비슷한 표현으로 'What is the matter with you?(무슨 (좋지 않은) 일이라도 있니?)'

66 번에서 70 번

66. What kind of job do you have?

어떤 종류의 직업을 가지고 계십니까?

67. Does it matter?

그것은 중요합니까?

68. What is on your mind?

무슨 생각을 하고 있습니까?

69. How much are you paid an hour?

시간당 얼마를 받습니까?

70. Did something go wrong?

뭔가 잘못됐나요?

- 66 번 : 같은 질문으로 'What do you do for a living?(직업이 무엇입니까?)'가 있습니다. 대답은,

  I am working at the bank. 나는 은행에서 일을 하고 있습니다.

  I am a teacher. 나는 선생님입니다.

  I am in food business. 나는 음식업에 종사하고 있습니다.

  I have a business. 나는 사업체를 가지고 있습니다.

  I am out of work at the moment. 나는 지금 직장이 없습니다.

- 67 번 : matter는 완전 자동사로 '중요하다'는 의미입니다.

  Black lives matter. 흑인들의 생명도 중요하다.

  Your love matters to me. 당신의 사랑은 나에게 중요합니다.

  Anything you say matters. 당신이 말하는 것은 무엇이든 중요합니다.

  Age doesn't matter. 나이는 중요하지 않습니다.

- 69 번 : 수동태는 'I am paid $30.00 an hour(by them). (나에게 시간당 30 불 지불된다)'. 능동태는 'They pay me $30.00 an hour. (그들은 나에게 시간당 30 불 지불한다)'. (능동태 표현보다 수동태 표현이 더 부드러움)

- 70 번 : go가 불완전 자동사로 쓰이면 '……한 상태로 되다'. 주격보어는 형용사 또는 과거분사가 됩니다.

  Everything goes great. 모든 것이 잘돼 간다.

  He goes hungry. 그는 굶주려 있다.

  They went unnoticed. 그들은 눈에 띄지 않았다.

  She goes puzzled. 그녀는 당황해한다.

71 번에서 75 번

71. Am I flattered?

    나를 칭찬하시나요?

72. What do you call it?

    이것을 무엇이라고 부르지요?

73. Do you drive?

차를 가지고 계십니까?

74. Can I ask you something?

    무엇 좀 물어볼 수 있습니까?

75. Is it ok if I call you Tom?

    제가 당신을 Tom이라고 불러도 될까요?

- 71 번 : 'Am I flattered?'는 'Do you flatter me?'의 수동태 문장입니다. 주어가 꼭 필요치 않은 경우는 완곡한 표현의 수동태형을 더 많이 사용합니다. 누군가 나를 칭찬하면 'Thank you, I am flattered.(칭찬해 주셔서 감사합니다)'.
- 72 번 : 어떤 것(물건 등)의 이름이나 명칭을 모를 때 흔히 사용하는 표현입니다.
  What do you call it? 또는 What is the name of this? 이것의 이름은 무엇입니까?
  We call it Greek cheese. 우리는 그것을 그릭 치즈라고 부릅니다.
  It is called Greek cheese.(수동태) 그것은 그릭 치즈라 불립니다.
- 73 번 : 'Do you drive?'는 차를 소유하고 있는지를 묻는 질문입니다.
  차를 소유하고 있다면 'Yes, I drive.' 차가 없다면 'No, I don't drive.'
- 75 번 : 원어민들이 자주 사용하는 문형입니다.
  Is it ok if I park my car here? 여기에 차를 주차해도 괜찮습니까?
  Is it ok if children play in the yard? 애들이 뜰에서 놀아도 괜찮습니까?
  Is it ok if she joins your party? 그녀가 당신의 파티에 참석해도 괜찮습니까?
  Is it ok if I call you tomorrow? 내일 제가 당신에게 전화해도 괜찮을까요?
  대답은 'Yes, It is ok if S + V ……(예, 당신이 ……해도 괜찮습니다)'

76 번에서 80 번

76. Is that really so good?

    이것이 그렇게 좋단 말입니까?

77. Do you regret it?

    당신은 그것을 후회하세요?

78. What city do you like best in America?

미국에서 어느 도시를 가장 좋아하세요?

79. Do you like America?

미국을 좋아하세요?

80. Can I get it?

제가 그것을 가져도 됩니까?

- 76 번 : 대답은 'Yes, it is so good, I love it. (예, 그것은 정말 좋습니다. 마음에 듭니다)'.
- 77 번 : regret은 완전 타동사로 that 절을 목적어로 사용할 수 있습니다.
Do you regret that you came to America? 미국에 오신 것을 후회합니까?
Do you regret that you got married to her? 당신은 그녀와 결혼한 것을 후회합니까?
- 78 번 : I like New York best in America. 나는 미국에서 뉴욕을 가장 좋아합니다.
- 79 번 : 대답은 'Yes, I love it. (예, 나는 미국을 좋아합니다)', 'I think America is a nice country. (미국은 좋은 나라라고 생각합니다)' 또는 'I don't know yet. (아직은 모르겠는데요)'.
- 80 번 : 여행 안내소 또는 관공서에서 무료로 제공되는 지도나 안내문 등을 가져갈 때는 가볍게 'Can I get it?' 또는 'Can I take one please?' 이렇게 말하고 가져가는 것이 좋은 매너입니다.

81 번에서 85 번

81. Can I borrow it for a second please?

제가 그것을 잠깐 빌릴 수 있나요?

82. When was the last time you saw him?

그를 마지막으로 본 건 언제지요?

83. How about a drink tonight?

오늘 밤 한잔 어때요?

84. Could you lower the price a little bit please?

가격을 조금 깎아 줄 수 있나요?

85. What is the difference between this and that?

이것과 저것의 차이는 무엇입니까?

• 81 번 : 누군가로부터 무엇을 잠깐 빌릴 때 사용하는 표현입니다.
Can I borrow your pen for a second please? 당신의 펜을 잠깐 빌릴 수 있습니까?

• 82 번 : 원어민 대화에 자주 사용되는 문형입니다. 원어민 대화에 자주 사용되는 표현이라 함은 남녀노소, 여러 세대가 폭넓게 사용하는 표현을 말합니다.
When was the last time you called your parents?
부모님께 마지막으로 전화한 게 언제죠?
When was the last time you went to the cinema?
당신이 마지막 극장에 간 게 언제죠?
When was the last time we played tennis together?
우리가 마지막으로 함께 테니스를 한 게 언제죠?

• 83 번 : 'How about ……?' 다음에는 명사 또는 동명사가 와서 '……에 대해서 어떻게 생각합니까?'의 의미가 됩니다.
How about your new job? 당신의 새 직장은 어떠세요?
How about a poker game tonight? 오늘 밤 포커게임은 어떠세요?
How about starting a new business? 새 사업을 시작해 보는 게 어때?
How about meeting him tomorrow? 내일 그를 만나 보는 것은 어떠세요?

• 84 번 : lower는 형용사 low의 비교급이며 또한 완전 타동사로 '……을 낮추다'라는 뜻도 있습니다. Can you lower your voice please? 목소리 좀 낮춰 주시겠어요?
다음은 가격을 홍정할 때 좀 더 깎아 달라는 표현들입니다.
Can you give me a discount please? 할인 좀 해 주시겠어요?
Can I get it for less? 그 가격보다 더 싸게 그것을 가질 수 있습니까?
Can I have a better price please? 내가 더 좋은 가격을 가질 수 있습니까?
Can you come down a little bit please? 조금 싸게 해 주시겠어요?
Is that the best price for me? 이것이 나를 위한 가장 좋은 가격입니까?

• 85 번 : 다른 표현으로는,
Can you tell the difference between man and woman?

여자와 남자의 다른 점을 말해 주시겠어요?

What is the difference between man and woman?

남자와 여자의 차이는 무엇입니까?

86 번에서 90 번

86. Can I walk there?
    걸어서 거기 갈 수 있나요?
87. Why is that?
    왜 그렇다는 것이지요?
88. Why are you here?
    왜 여기 계시죠?
89. Are you good at sports?
    운동을 잘하세요?
90. Do you have the nerve?
    자신(배짱) 있으세요?

- 86 번 : 걸어서 갈 수 있는 거리인지를 물어보는 경우에 사용합니다. 대답은,
  Yes, you can walk there. It is about two miles from here.
  예, 당신은 거기까지 걸어갈 수 있습니다. 약 2 마일 정도 됩니다.
  No, you can't walk there. You need transportation.
  아니요, 거기까지 걸어갈 수 없습니다. 당신은 탈것이 필요합니다.
- 88 번 : 'Why are you here?'를 직역하면 '당신은 왜 여기 있죠?'이지만 '당신의 방문 목적은 무엇입니까?(What is the purpose of your visit?)'를 가볍게 대신하는 말이기도 하고 'What are you doing here?'과 같은 의미를 가지기도 합니다.
- 89 번 : 형용사 good은 '능숙한, 적합한, 선량한, 친절한' 등 많은 뜻이 있습니다.
  I am good at English. 나는 영어에 능숙하다.
  She is good at music. 그녀는 음악에 소질이 있어요.
  He is good for the job. 그는 그 일에 적합하다.

He is good to children. 그는 어린이들에게 친절하다.

poor는 '가난한'이라는 뜻도 있지만 '서투른, 품질이 낮은'이라는 뜻도 있습니다.

I am poor at English. 나는영어가 서툴다.

I am poor at sports. 나는 운동에 소질이 없습니다.

The quality of the jacket is poor. 저 재킷의 품질이 좋지 않다.

영어는 하나의 단어가 많은 뜻을 가지고 있습니다. 사전을 통해서 단어의 많은 뜻을 알아야 적은 수의 단어만 가지고도 유창한 영어를 구사할 수 있습니다.

- 90 번 : nerve는 '용기, 배짱' 등을 말하는 명사입니다. 인색한 사장에게 급료 인상을 요구하겠다는 동료에게 'Do you have the nerve to ask the boss for a raise?(사장에게 봉급 인상을 요구할 용기(배짱)가 있습니까?)', 'Do you have the nerve to argue with him?(그와 다툴 자신이 있으세요?)'

91 번에서 95 번

91. What brought you to America?
 무엇이 당신을 미국에 오게 했습니까?
92. What do you miss most about Korea?
 한국의 어떤 것이 가장 그립습니까?
93. What is he like?
 그는 어떤 성격입니까?
94. What does he look like?
 그는 어떻게 생겼습니까?(외모)
95. What languages do you speak?
 당신은 어떤 언어를 사용하나요?

- 91 번 : 비슷한 뜻으로 'What made you come to America?(무엇이 당신을 미국에 오게 했나요?)'
- 92 번 : '한국의 무엇을 가장 많이 그리워합니까?'에 대한 대답은,
 I miss my friends most about Korea. 나는 한국의 친구를 가장 많이 그리워합니다.

I miss Korean food most about Korea. 나는 한국 음식이 제일 그립습니다.

- 93 번 : What is he like?(성품, 성격에 관한 질문)

He is like a clever man. 그는 영리한 사람 같습니다.

He is like a sensitive person. 그는 예민한 사람 같습니다.

- 94 번 : What does he look like? 그는 어떻게 생겼습니까?(외모에 관한 질문)

He looks like a strong and healthy man. 그는 건강하고 힘이 세 보입니다.

He looks like a musician. 그는 음악가처럼 보입니다.

- 95 번 : '어느 나라에서 오셨습니까?'의 완곡한 표현은 'What language do you speak?(무슨 언어를 사용하세요?)'

I speak German. 나는 독일어를 사용합니다.

I speak French. 나는 불어를 사용합니다.

I speak Korean. 나는 한국어를 사용합니다.

96 번에서 100 번

96. Is that possible?
    그것은 가능합니까?
97. Are you worried about something?
    무슨 걱정거리가 있으세요?
98. Can you give me a rain check on that please?
    나중에 기회를 한 번 더 주시겠어요?
99. What is this about?
    이것은 무엇에 관해서입니까?
100. Did you hear any news about him?
    그에 관해서 무슨 소식을 들었습니까?

- 96 번 : 대답은 'Yes, It is possible. (예, 가능합니다)' 또는 'No, It is not possible, It is impossible. (그것은 불가능합니다)'. 좀 더 완곡한 표현으로 'I think it is possible. (가능하다고 생각합니다)', 'I don't think it is possible. (가능하다고 생각지 않습니다. 그

것은 불가능합니다)'.

- 97 번 : 'You look worried, Something bothers you?(걱정이 있어 보이는데 뭔가 당신을 괴롭히고 있나요?)'에 대한 대답은,

  I don't think so. / I am ok. / I am fine. 나는 괜찮습니다.

  Something bothers me. 고민이 있습니다. 뭔가가 나를 괴롭히고 있습니다.

  I am worried about my business. 사업체가 걱정입니다.

- 98 번 : 'I want to buy you a big dinner tonight.(오늘 밤 한턱 내고 싶은데)'라고 말하는 친구에게 'I have a date tonight. Can you give me a rain check on that please?(오늘 저녁 데이트가 있는데 다음에 사면 안 되겠니?)

- 99 번 : 대화 중 또는 누군가로부터 전화를 받았는데 내용을 이해하지 못했다면 'What is this about?(무엇에 대해서 말씀하십니까? 내용이 무엇인지요?)'

- 100 번 : 대답은,

  Yes, I heard some news about him.

  예, 그 사람에 관해서 소식을 좀 들었습니다.

  I didn't hear any news about him.

  그 사람에 관한 소식을 들은 게 없습니다.

  I heard some news from him.

  나는 그로부터 소식을 들었다.

  I didn't hear any news from him.

  나는 그로부터 어떤 소식도 듣지 못했다.

  → hear : 소식을 듣다(완전 자동사)

  Did you hear about him? 그 사람에 관한 소식을 들었습니까?

  Did you hear from him? 그 사람으로부터 소식을 들었습니까?

제5 장

필수 단어 편

미국인들이 가장 좋아하는 영어사전은 옥스포드 영어사전(The Oxfored English dictionary)이며 대부분의 미국인 가정에는 이 사전 한 권 정도는 가지고 있다고 합니다. 이 사전에 실린 단어 수는 약 600,000 개이며 그중 사용 가능한 단어 수는 약 171,000 개 정도라고 합니다.

원어민들은 대략 8,000 개 정도의 단어를 알고 있다고 하는데 그들이 일상생활에서 사용하고 있는 단어 수는 3,000 개 정도에 불과합니다.
그러나 영문학자들은 불편 없는 의사소통을 위해서는 1,000 개 정도로도 충분하다고 말합니다.
(이 책에 소개하는 필수 단어들은 1,190 개임)

1,000 개의 단어만 가지고도 유창한 영어가 가능한 이유는,

첫째,
영어는 하나의 단어가 여러 개의 품사를 겸하고 있습니다. 영어 단어는 반드시 품사별로 구별해서 그 뜻을 외워야 올바른 어순으로 문장을 만들 수 있습니다. 영어는 품사의 위치가 고정된 언어입니다.

둘째,
영어는 하나의 단어가(여러 개의 품사를 겸하고 있는 동시에) 많은 뜻을 가지고 있습니다.
이 많은 뜻들을 모두 알아야 최소한의 단어로 다양한 표현이 가능합니다.

셋째,
영어는 동사 중심의 언어입니다. 하나의 동사가 5 가지로 분류(완전 자동사, 불완전 자동사, 완전 타동사, 수여 동사, 불완전 타동사)되어 문장의 5 형식을 결정합니다. 동사 공부를 할 때는 5 가지로 구별하여 그 뜻을 외우고 동시에 동사의 문법적 기능도 함께 공부해야 합니다.

단어를 외울 때는 반드시 상기 방법대로 공부해야 합니다. 단순히 단어의 철자와 뜻만 외운다면 만 개의 단어를 외워도 문장을 만들 수도 없고 문장을 이해할 수도 없습니다.

영어, 어렵지 않습니다.
이 책에서 소개하는 학습 방법대로 공부하십시오. 틀림없이 당신은 짧은 시일 내에 훌륭하고 유창한 영어를 구사하게 될 것입니다.

English is just a small ball in your hand.

필수 동사 318 개

A : accept account achieve act add admit affect afford agree aim allow answer appear apply argue arrive ask attack avoid

B : base beat become begin believe belong break build burn buy

C : call care carry catch cause change chage check choose claim clean clear climb close collect come commit compare complain complete concern confirm connect consider consist contact contain continue contribute control cook copy correct cost count cover create cross cry cut

D : damage dance deal decide deliver demand deny depend describe design destroy develop die disappear discover discuss divide do draw dress drink drive drop

E : eat enable encourage enjoy examine exist expect experience explain express extend

F : face fail fall fasten feed feel fight fill find finish fit fly fold follow force forget forgive form found

G : gain get give go grow

H : handle happen hate have head hear help hide hit hold hope hurt

I : identify imagine improve include increase indicate influence inform intend introduce invite involve

J : join jump

K : keep kick kill knock know

L : last laugh lay lead learn leave lend let lie like limit link listen live look lose love

M : make manage mark matter mean measure meet mention mind miss move

N : need notice

O : obtain occur offer open order own

P : pass pay perform pick place plan playpoint prefer prepare present press prevent produce promise protect prove provide publish pull push put

R : raise reach read realize receive recognize record reduce refer reflect refuse regard relate release remain remember remove repeat replace reply report represent require rest result return reveal ring rise roll run

S : save say see sell seem send separate serve set settle shake share shoot shout show shut sing sit sleep smile sort sound speak stand start state stay stick stop study succeed suffer suggest suit supply support suppose survive

T : take talk teach tell tend test thank think throw touch train travel treat try turn

U : understand use

V : visit vote

W : wait walk want warn wash watch wear win wish wonder work worry write

필수 명사 399 개

A : account act addition adjustment advertisement agreement air amount amusement animal answer apparatus approval argument art attack attempt attention attraction authority

B : back balance base behavior belief birth bit bite blood blow body brass bread breath brother building burn burst business butter

C : canvas care cause chalk chance change cloth coal color comfort committee company comparison competition condition connection control cook copper copy cork cough country cover crack credit crime crush cry current curve

D : damage danger daughter day death debt decision degree design desire destruction detail development digestion direction discovery discussion disease disgust distance division doubt drink driving dust

E : earth edge education effect end error event example exchange existence expansion experience expert

F : fact fall family father fear feeling fiction field fight fire flame flight flower fold food force Form friend front fruit

G : glass gold government grain grass grip group growth guide

H : harbor harmony hate hearin heat help history hole hope hour humor

I : ice idea impulse increase industry ink insect instrument insurance interest invention iron

J : jelly join journey judge jump

K : kick kiss knowledge

L : land language laugh low lead learning leather letter level lift light limit linen liquid list look loss love

M : machine man manager mark market mass meal measure meat meeting memory metal middle milk mind mine minute mist money month morning mother motion mountain move music

N : name nation need news night noise note number

O : observation offer oil operation opinion order organization ornament owner

P : page pain paint paper part paste payment peace person place plant play pleasure point poison polish porter position powder power price print process produce profit property prose protest pull punishment purpose push

Q : quality queston

R : rain range rate ray reaction reading reason record regret relation religion representative request respect rest reward rhythm rice river road roll room rub rule run

S : salt sand scale science sea seat secretary selection self sense servant sex shade shake shame shock side sign silk silver sister size sky sleep slip slope smash smell smile smoke sneeze snow soap society son song sort sound soup space stage start statement steam steel step stitch stone stop story stretch structure substance sugar suggestion summer support surprise swim system

T : talk taste tax teaching tendency test theory thing thought thunder time tin top touch Trade transport trick trouble turn twist

U : unit use

V : value verse vessel view voice

W : walk war wash waste water wave wax way weather week weight wind wine woman word wood work wound writing

Y : year

필수 형용사 329 개

A : able academic active actual additional afraid alive alone alternative ancient angry annual apparent appropriate attractive available average aware

B : bad basic beautiful big black bloody blue brief bright broad brown busy

C : capable careful central certain cheap chief civil clean clear close cold comfortable commercial common complete complex concerned conservative considerable constant contemporary conventional corporate correct criminal critical crucial cultural current

D : daily dangerous dark dead dear deep democratic detailed different difficult direct domestic double dramatic dry due

E : early eastern easy economic educational effective efficient elderly empty enormous entire environmental equal essential excellent existing expensive extensive external extra

F : fair familiar famous far fast federal female final financial fine firm first flat following foreign formal free fresh friendly front full fundamental funny future

G : general glad golden good great green grey growing guilty

H : happy hard healthy heavy high historical hot huge human

I : ideal immediate important impossible increased independent individual industrial initial inner interested interesting internal international

J : joint

K : keen key

L : labor large last late leading left legal liberal light likely limited little living local long long-term lovely low lucky

M : main major male married massive medical mental middle military minor modern moral

N : narrow national natural necessary negative new nice normal northern nuclear

O : obvious odd official old only open opposite ordinary original other overall

P : parliamentary particular past perfect permanent personal physical political poor popular positive possible potential powerful practical present previous primary prime prior private professional proper public

Q : quick quiet

R : rare ready real reasonable recent red regional regular relative relevant religious remaining responsible rich right round royal rural

S : safe scientific secondary senior separate serious severe sexual sharp short significant silent similar simple single slight slow small social soft sorry southern special specific standard strange strong subsequent substantial successful suitable sure surprised

T : tall technical temporary terrible thick thin tiny tired top total tough traditional true typical

U : unable unique united unknown unlikely unusual upper urban used useful usual

V : valuable various vast very vital voluntary

W : warm weak western white whole wide wild willing wonderful working wrong

Y : yellow young

필수 부사 144 개

A : accidentally afterwards almost always angrily annually anxiously awkwardly

B : badly blindly boastfully

C : calmly carefully carelessly cautiously cheerfully clearly correctly courageously crossly cruelly

D : daily defiantly deliberately doubtfully

E : easily elegantly enormously enthusiastically equally even eventually exactly

F : faithfully far fast fatally fiercely fondly foolishly fortunately frantically

G : gently gladly gracefully greedily

H : happily hastily honestly hourly hungrily

I : innocently inquisitively irritably

J : joyously justly

K : kindly

L : lazily less loosely loudly

M : madly merrily monthly more mortally mysteriously

N : nearly neatly nervously never noisily not

O : obediently obnoxiously often only

P : painfully perfectly politely poorly powerfully promptly punctually

Q : quickly quietly

R : rapidly rarely really recklessly regularly reluctantly repeatedly rightfully roughly rudely

S : sadly safely seldom selfishly seriously shakily sharply shrilly shyly silently sleepily slowly smoothly softly solemly sometimes soon speedily stealthily suddenly suspiciously swiftly

T : tenderly tensely thoughtfully tightly tomorrow too truthfully

U : unexpectedly

V : very victoriously violently vivaciously

W : warmly weakly wearily well wildly

Y : yearly yesterday

포도나무 영어공부

ⓒ Philip Cha, 2024

초판 1쇄 발행 2024년 3월 22일

지은이 Philip Cha
펴낸이 이기봉
편집 좋은땅 편집팀
펴낸곳 도서출판 좋은땅
주소 서울특별시 마포구 양화로12길 26 지월드빌딩 (서교동 395-7)
전화 02)374-8616~7
팩스 02)374-8614
이메일 gworldbook@naver.com
홈페이지 www.g-world.co.kr

ISBN 979-11-388-2867-3 (03740)

• 가격은 뒤표지에 있습니다.
• 이 책은 저작권법에 의하여 보호를 받는 저작물이므로 무단 전재와 복제를 금합니다.
• 파본은 구입하신 서점에서 교환해 드립니다.